●低学年●
表現力・創造力を高める学級活動12ヵ月

小川信夫・塚田庸子編著

空き箱
おもちゃのバット
かさで花畑
顔の大きさに画用紙を切る
上下に切り込みを入れておくと立体感がでる
茶色の服に葉っぱをつければ木
耳をつければうさぎ
日本一

黎明書房

学級表現活動のすすめ

小 川 信 夫

◆**学級活動は学級づくりの原動力**

　最近の子どもは頭の記憶にはたけているが，からだの記憶となるときわめておぼつかない面をもっているという。つまり頭は情報づめになっているが，からだを通しての実体験の記憶が乏しく，このためからだと頭の乖離によるさまざまの問題行動が多発しているというのである。

　特に家庭や社会の個別化，多様化が進み，「私のことだけ」にこだわる子どもが増え，このため他者とのコミュニケーションの機会が生活場面から遠のき，代わってメディアによる仮想体験がひろがり，実際の人間関係の中で他人の心を思いやる実体験としての認識に欠ける子どもたちが出てきているのである。

　新たな「学級づくり」の見直しは，こうした社会的背景をもった子どもたちに，どのように他者とかかわる実体験を経験させるかにかかっている。それはからだを通し，手を通し，五感を総動員して，仲間とともに環境に働きかけて操作し，発見し，考えていく，この一連の「ものを生み出し，つくり上げていく活動体験」である。

　この一連のつくり上げる過程の中で，仲間同士の認め合う力や連帯のすばらしさを一人ひとりが体得していく。それは同時に自分の力や可能性の発見でもある。こうした「ものを創り出していく経験」の可能性を内包しているのが学級活動である。

　信頼と連帯をめざす学級づくりの原動力の核こそ，まさに児童一人ひとりの参加による学級活動であるといえよう。

◆学級活動は表現力を伸ばす

　「なすことによって学ぶ」学級活動には，参加する個々の子どもの表現力を伸ばす分野が多い。例えば，言語表現，音楽的表現，造形的表現，また，身体的表現，そしてそれらを総合した面での演劇的表現などである。

　受動的な待ち人間が多いといわれる現代の子どもたちに，生き生きとした感動体験を経験させるためには，自分からメッセージを発信するための表現の場がぜひとも必要である。

　学級活動は，こうした表現力を伸ばす場面が多く含まれているのである。それは同時に，感動体験を自分のからだにとりこむ活動の場でもある。

　この感動体験こそ，他人の気持ちを自分のこととして受け入れる感性の陶冶につながるパイプでもある。

　そのためには，みんなで行うことの楽しさ，おもしろさ，そしてなにより一人ひとりの「やってよかった」という成就感が大切である。

　それには単に思いつきや，場当たり的に子どもに活動の場を与えるというパフォーマンス的な学級の活動よりも，より吟味され，計画され，系統性をもった学級表現活動の場が一層効果的である。

　人間同士が相互にかかわり，創り出す場面では，思わぬ軋轢をともなう人間関係の危機場面や，あるいはまとめあげる過程で試行錯誤の場面が出やすいものである。だからこそ，こうした行為を主体とした学級表現活動の場面では，あらかじめ，その内容や参加のあり方，仕方など，事前に十分指導者側として吟味しておく必要がある。そのためには，学級表現活動は，系統的に具体的な活動の場面として題材があらかじめ設定されていた方が，より学習活動として密度のある体験につながる。

◆学級表現活動の題材設定の留意点

1　学級の一人ひとりが参加可能なもの

　学級活動の中には特定の子どもの役割に依存する場面のものもある。例えば，当番活動や各種の学級係活動にはいるものである。

　しかし，もう一方では学級全員が各役割を分担して参加するイベントに類する表現活動が求められる。集団の細部にわたるかかわりの中で成就する活動場面である。個別化，多様化がますます進む中では，こうした集団のダイナミック性に触れた社会的資質を内包した経験が，現代の子どもには必要不可欠な学習要素である。

　そのためには，各個人が参加する学級イベントやそのための作業について，具体

的な見通しをもち，そのための自分の役割を理解していることが大切である。事前の計画段階で，参加者への意欲づけとオリエンテーションに十分配慮したい。

2 準備が簡単で自主的に参加できるもの

実践活動をするうえで，あまりにも時間や費用のかかるものや，子どもの能力の範囲をこえているものはさけたいものである。

例えばダンボールを種々に組み合わせてつくるものとか，体育用具の使用とか，どこにでもあり，身近の生活から応用できる素材を使うなどの工夫がほしい。

また，内容においても，具体的でわかりやすく，どんな能力の子でもすぐ参加でき，役割をもてるようなバラエティーに富んだものがよい。特に色々なゲームを織り込んだり，劇的な手法を使ったものなどで構成されたものが喜ばれる。

特にいまの子どもたちにとっては，おもしろさ，楽しさが継続できる内容を巧みに構成した題材が必要である。この楽しさ，やりがいの中でこそクラスの一員としての存在，いわば子どもの居場所が見つけられるのである。

3 子どもの想像力を広げる，自由で多面的な発想を生むもの

学級表現活動の対象となる作業や集会活動，各種イベントを行う場合，結果としての完成度ももちろん求められよう。例えば，七夕まつりを計画したとき，それが楽しくみんなで満足できる集会になるため，さまざまの仕掛けを当然指導者は心がける。しかし，学級表現活動の教育的ねらいは，むしろそのプロセスにあると考えてもよい。みんなが知恵を出し合い，かかわり合い，一つひとつ結果への糸を編み込んでいく，その互いの営みが大事である。

それは子ども同士の相互の信頼関係を醸成することであり，また互いに刺激し合う中で，ときには自分を修正する。そうした営みの中での相互理解，自己認知が実は大切なねらいにもなっているのである。

そのためには，計画のテキストが事前に固定されていて，子どもの自由なイメージを広げる枠が極端に狭まっている内容はさけたい。

大枠の作業工程がつくられていて，それを膨らませる自由さが子どもたちに用意されているものがよい。子どものアイデアを十分生かせる余地をもった指導のプロセスがほしいのである。

4 年間の指導計画に連動したもの

学級表現活動の計画は，当然，学習の年間計画と連動して行われることが望ましい。それは学期や季節とも関連し，また地域の行事などとの関係も密にあるからである。

月ごとの大きなねらいをもった中で実施することが可能ならば，その月の学習内容とも関連して，より実践活動の深化をねらうことができる。

　例えば4月の場合，学期のスタートである。クラスの人間関係も，互いに子どもたちは手探りの中にいる。またクラスの個々の子どもたちにとってこれからの学習を進める上での互いのコンセプトをどうつくるか，さまざまの迷いもある時期である。学級表現活動はこうした月ごとの事情や生活背景の要因を押さえ，「仲間づくり」や「学習プランづくり」などを援助することのできる実践活動の内容を用意する必要がある。

　本書では，月のねらいと関連の中で，そのような内容が題材として十分吟味され配列されている。

◆指導上，特に留意すること
・**表現力を引き出し，高めるためには段階があるということ**

　はじめから無理に表現を強いたり，発表にこだわる指導は子どもの表現したいという気持ちを萎縮させてしまう。表現には十分なウォーミングアップが必要である。まずからだの緊張をときほぐす雰囲気づくりや，からだの動かし方，表現の技術的手順を理解させ，からだに自信をもたせてやることが必要である。そのためにも日常から，からだを使って表現する小題材やゲームなどを，学級の生活に導入して，からだの表現づくりをしておくとよい。それは同時に，みんなの前で演じ，観る，そうした相互の表現上の関係をつくっておくことにも通じている。

　本書では，そうした表現の基本になる自分のからだと他者のからだを直接つなぐ劇的な題材を，低学年から高学年まで系統的にとりいれている。

　子どもの多岐にわたる表現の力は，暖かで安心できる学級の雰囲気づくりが前提になる。その中でこそ自由な想像力が広がるのである。

・**学級イベント活動は，指導上ときに縦断的発想が求められる**

　各種の学級活動，とりわけイベント的な催しを，単にお祭り的行事の域だけに止めておかないためにも，子どもへの的確な指導上の援助が必要になる。教師先導型の指示的発言はさけ，要点を理解させたら，子どもたちの感じ方や察知していく過程を大事にして，素朴な表現，発表にも自信をもたせてやる。同時に，地域の人，保護者に企画を公開し，題材に応じて人材を求める開かれた学級づくりの度量と才覚が，これからの学級担任には求められるのである。

目　次

学級表現活動のすすめ ……………………………………………… 小川信夫　1
　　学級活動は学級づくりの原動力　1
　　学級活動は表現力を伸ばす　2
　　学級表現活動の題材設定の留意点　2
　　指導上，特に留意すること　4

4月　さあ学級開き！　友だちをつくろう ……………… 9

　1　あくしゅ大作戦　－友だちいっぱい－　10
　2　保護者もいっしょ　－みんなでめいしこうかん－　12
　3　みんなの誕生日はいつかな？　－誕生列車－　14
　4　2年生はだいせんぱい　－学校あんない－　16

4月のアイデア●日直は1日の運転手　18

5月　若葉のきせつだ！　自然に親しもう ……………… 19

　1　あったかいよ，ウサギって　20
　2　こどもの日の集いをしよう　22

3　春をみつけよう　24
　　　4　交通安全の集い　26
　5月のアイデア●疲れてきたら気分を変えて　−ショートゲーム−　28

6月　雨の日も楽しい遊び方・過ごし方　29

　　　1　本は友だち　−保護者も加わる読み聞かせ−　30
　　　2　室内オリンピック大会　−われこそチャンピオン−　32
　　　3　手袋人形劇のはじまり，はじまり　34
　　　4　雨の日の大発見　36
　6月のアイデア●雨の日も楽し　38

7月　大空に夢を！　七夕への願い　39

　　　1　わたしのゆめ，ほしにねがいを　40
　　　2　宇宙ロボットをつくって遊ぼう　42
　　　3　英語で遊ぼう　−サラダパーティー−　44
　　　4　学級のお楽しみ会　46
　7月のアイデア●保護者とのキャッチボール　−学級通信の工夫−　48

8月　おもいっきり自然に親しもう　49

　　　1　楽しい絵日記をつくろう　50
　　　2　わたしのえらんだ1冊の本　52
　　　3　夏の採集アイデア集　54
　　　4　緑の木陰のお楽しみ会　56
　8月のアイデア●色水をつくって遊ぼう　58

9月　楽しい学びへの喜びをみんなで共有　59

　　　1　おじいさん，おばあさんといっしょフェア　60

        2　フラワー集会　62
        3　チャレンジ集会　64
        4　遊びラリー　66
    9月のアイデア●席がえの工夫　68

10月　からだづくりへのチャレンジを …………………… 69

        1　校内オリエンテーリング　70
        2　ペープサートで楽しもう　72
        3　学年オリンピック　74
        4　収穫祭を楽しもう　76
    10月のアイデア●子どもを集中させる工夫　78

11月　みんなで楽しい発表会を …………………… 79

        1　秋の教室飾りをつくろう　80
        2　秋のファッションショーをしよう　82
        3　秋の句会　84
        4　英語でうたおう，おどろう　86
    11月のアイデア●ネイチャーゲームで自然を満喫　88

12月　からだで伝え合う表現活動 …………………… 89

        1　模倣遊び　90
        2　イメージを広げて遊ぼう　92
        3　対話遊びをしよう　94
        4　劇遊びをしよう　96
    12月のアイデア●人とのかかわりを話し合って　98

1月　伝承遊びで友だちづくり　……………………… 99

1　冬の遊びを楽しもう　100
2　なぞなぞカルタ大会　102
3　書き初め展　104
4　むかしむかしのお話会　106

1月のアイデア●外国語に親しもう　108

2月　広がりの輪を求めて，さらに表現へ　………… 109

1　ミニ音楽会　110
2　豆まきショー　－仮面劇をしよう－　112
3　わたしの成長　114
4　「1年間の歩み」絵巻物づくり　116

2月のアイデア●充実した保護者会に　118

3月　別れの演出と新しい学年への夢を　…………… 119

1　さよなら学級・友だち　120
2　ありがとう6年生　122
3　いらっしゃい！　1年生　124
4　教室ありがとう　126

3月のアイデア●進級の喜びを盛り上げる掲示を　128

＊イラスト：岡崎園子

4月

さあ学級開き！友だちをつくろう

低学年の子にとって期待と緊張のスタート。なかよし学級をめざしてさあ、手をつないでスタート！

1 あくしゅ大作戦
－友だちいっぱい－

☆たくさんの友だちと握手したり、あいさつしたり。一人ひとりの居場所をつくろう。

2 保護者もいっしょ
－みんなでめいしこうかん－

☆工夫してつくった名刺を保護者とともに交換する楽しい集いの一こま。

よろしく ／ ぼくの名刺

3 みんなの誕生日はいつかな？
－誕生列車－

☆みんなで誕生列車をつくって、明るい仲間づくりのアイデアを！

4 2年生はだいせんぱい
－学校あんない－

☆1年生のために2年生が楽しくわかりやすい学校案内を作成。さあ、探検に出発！

◆日直は1日の運転手

☆「日直は1日の運転手」の合言葉で、クラスのために手順を考えて仕事にゴー！

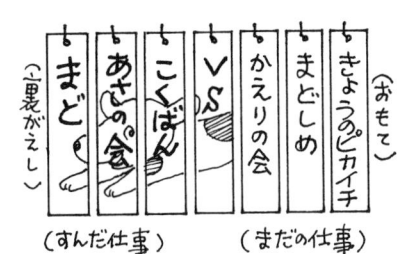

（おもて）きょうのピカイチ／まどしめ／かえりの会／VS／こくばん／あさの会／まど／（うらがえし）

（すんだ仕事）　（まだの仕事）

4月 1 あくしゅ大作戦
●友だちいっぱい●

◆**この活動のねらい**

　たくさんの友だちと握手をしたり，あいさつを交わしたりする活動を通して集団の中に早くとけこみ，学校生活を楽しむことができる。

◆**活動を進めるためのポイント**

　1　用意するもの
- ひもつき画板。（生活科で使うバッグでもよい）
- 握手カード。　・シール。
- 手製の名札。（名前や模様を工夫したり，すぐ貼れるシールなどを使う）

　2　楽しみながらコミュニケーション能力の基礎を身につけさせる
- はじめに教師があいさつして握手する楽しさを見せて，活動する意欲をもたせる。
- あいさつの練習をする。
- 「あくしゅ大作戦」のルールを教える。

　①あいさつ⇒②握手⇒③名前をかいてもらう（シールを貼ってもらってもよい）
　　⇒④あいさつ……次の人へ（①あいさつ⇒②握手……繰り返す）

　この活動は，コミュニケーションの一番の基本であり，大切にしたい。
　「相手の目を見て」「はっきりした声で（はずかしがらず）」「心が届くように」などしっかり教えて実行できるようにさせる。

- たくさんの友だちとあいさつしたり，握手したりできることを目的に「あくしゅ大作戦」をする。

◆**留　意　点**

　この活動は，子どもたちがはしゃぎすぎて，ねらいであるあいさつや握手の仕方やその意義がうすれがちになるので，子どものふりかえりを工夫したい。

4月●さあ学級開き！ 友だちをつくろう

《あくしゅカード》

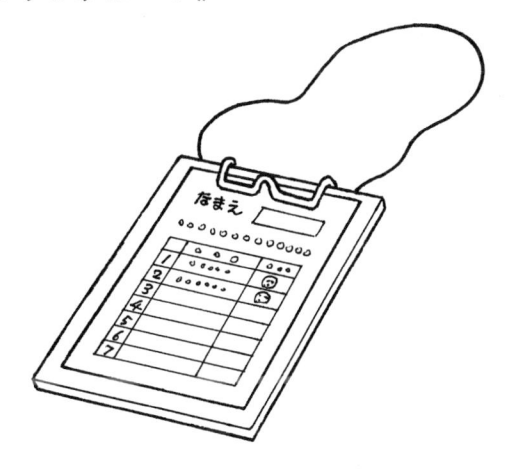

なまえ
なんにん あくしゅできたかな？

	なまえ	シール
1		
2		
3		
4		
5		
6		
7		

《楽しくあくしゅ大作戦》

ちゃんと目を見て、心をこめて、はっきり…

わたしは川崎花子です。なかよくしてね。よろしく

何人の人と握手ができたか、心をこめて、相手の目を見て、きちんとあいさつできたか、ふりかえって、次の人へちょうせんしましょう

もう5人と握手したよ

（塚田庸子）

4月　2 保護者もいっしょ
●みんなでめいしこうかん●

◇**この活動のねらい**

　新しい学級のスタートにあたり，子どもたち一人ひとりが工夫してつくった名刺を友だちや保護者と交換する活動を通して，多くの人とふれ合う喜びを味わう。

（名刺）

やまだ たろう
よろしく

自分の名前と
かんたんなメッセージを
かきこむ

◇**活動を進めるためのポイント**

　1　用意するもの
・名刺をつくる色画用紙。（八つ切りの画用紙を8等分したもの）
・自己紹介のテーマをかいた紙。　・移動黒板。　・CDプレーヤー，音楽。

　2　オリジナル名刺

　保護者といっしょに1人8枚の名刺をつくる。色画用紙を8等分したものの中央に自分の名前をかき，周囲にかんたんな模様をかき添える。

　3　楽しく名刺交換をする
・ウォーミングアップに，身体表現のある歌をうたったり，おどったりする。
・名刺交換について先生方の見本を見る。
・名刺交換をする。
・音楽に合わせて散歩。
・音楽が止まったら相手を探し，自己紹介する。
・次にジャンケンをして，負けた方が勝った方の肩を20回たたく。
・交換した名刺の名前を発表したり，感想の交流をしたりする。

◇**留 意 点**
・自分の保護者がいない子への配慮を十分に行う。
・楽しい雰囲気になるようにその場の空気をもり立てていく。

4月●さあ学級開き！ 友だちをつくろう

《たのしいめいしづくり》

「ぼく、青い紙!!自動車をかくんだ」

「保護者も8枚ずつつくるんですよね」

「この画用紙を8枚に切って、自分の名刺をつくろうね」

「わたしは、花のもようをつけるよ」

《保護者といっしょにめいしこうかん》

じこしょうかい①
すきなたべもの

〈名刺こうかんタイム〉

「よろしくね」

「ぼくは山田太郎です。ぼくはケーキが大すきです」

↓

〈ジャンケンタイム〉

「かったよ〜!!」

←

〈肩たたきタイム〉

「きもちいいですか」

1.2.3…

（齋藤邦子）

4月

3 みんなの誕生日はいつかな？
● 誕生列車 ●

◆**この活動のねらい**

　4月，入学した1年生の子どもたちは，どんな仲間がいるんだろうと，希望と不安でいっぱいである。みんなと力を合わせてものをつくる活動を通して，仲間づくりの気持ちを促していきたい。

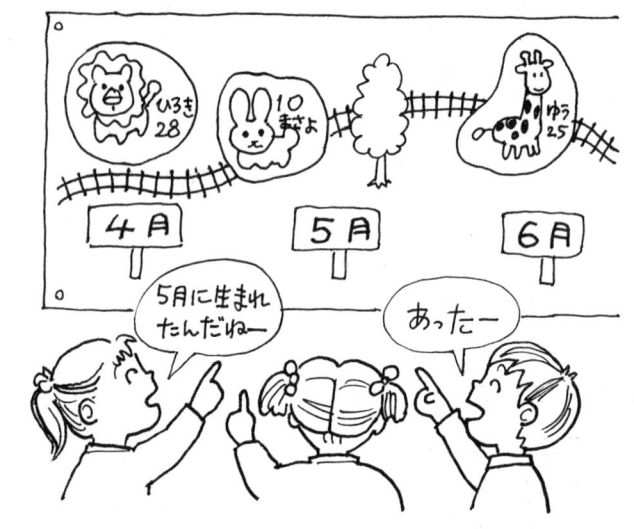

◆**活動を進めるためのポイント**

　1　用意するもの
- 画用紙，クレパス，色画用紙，ボンド。
- 掲示する場所や子どもの人数に合わせて，必要な枚数を貼り合わせたラシャ紙。（布ガムテープで裏打ちをする）

　2　誕生列車のつくり方

①子どもたちに誕生列車をつくることを知らせ，テーマ（例：動物園）をえらぶ。
②えらんだテーマに沿った絵を画用紙いっぱいにかく。
③名前や誕生日を，担任が子どもに寄り添いながら絵のそばにかく。
④余分なまわりを切る。（4月なので担任がすることがのぞましい）
⑤用意したラシャ紙に，誕生月ごとにボンドで貼っていく。
⑥月ごとの境は，色画用紙で柵や木などをつくって貼る。（早く終わった子がつくるとよい）
⑦最後に4月からの月のプレートを教師が貼る。

◆**留意点**

- その他，水族館，お花畑など，いろいろなテーマが考えられる。テーマを自分たちできめる，というところが子どもの連帯感を育てる。
- 進級時，自分がかいた絵を切りとり，記念にするとよい。

4月●さあ学級開き！　友だちをつくろう

《テーマをきめる》

「みんなで自分たちの誕生表をつくりたいけど、どんなのつくりたい？テーマをきめたいの」
「う〜ん」
「くだもの〜」
「動物園」
「水族館」
「誕生列車つくったよー」

《絵をかく》

線が太く発色がよいので、クレパスでかくこと。

「さるに見える？」「上手だね」
「5月10日」「あら上手」「できた〜」
「まさよちゃん誕生日、いつ？」

裏に月をかく。担任がまわりを切ること。

誕生日がいえない子もいるので、前もって調べておく。

《絵を貼る》

「6月、どこへ？」「貼ろうね」「先生、10月のふだ、つくったよー」

月のふだや柵、木などもいっしょにつくる。

（森　薫代）

4月

4 2年生はだいせんぱい
● 学校あんない ●

◇ **この活動のねらい**

2年生が1年生に学校案内をすることで，上級生になった喜びや異年齢の子どもと接する楽しさを味わい，仲間意識を育てる。

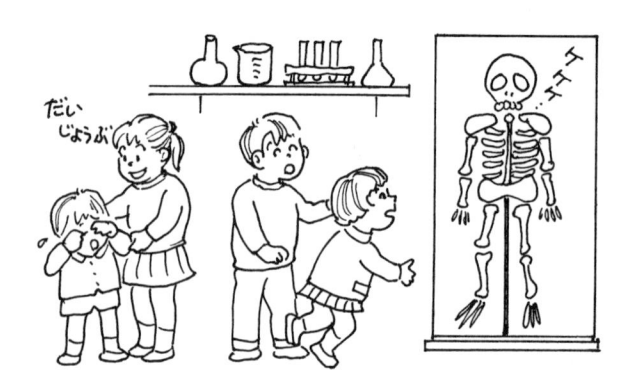

◇ **活動を進めるためのポイント**

1　学校案内をする方法を1年担任と話し合う

1年生の疑問や興味にどのように答えながら案内するか，2年生が案内したいところはどんな場所なのかなど，両学年の接点を前もって話し合う。

2　用意するもの＆依頼しておくこと

- 何を準備すればよいのか子ども同士で話し合わせることで，「自分たちが案内するんだ」という気持ちをかき立てていく。
  （例）グループ名札（旗），子どもがつくった教室表示，案内する言葉。
- 職員打ち合わせなどで，他学年の教師にも学校探検をする日程を伝え，支障のない程度で子どもたちを室内にいれたりかかわったりしてもらえるよう依頼する。

3　学校案内に必要なものをつくったり，言葉を考えたりする

- 話し合いできまったものを，見てもらう工夫を凝らしながらつくる。必要に応じて，掲示したり，前もって1年生に渡したりしておく。
- 1年生に伝えたいことを，わかりやすい言葉で考える。施設案内だけではなく，子どもの間で広まっている話（例：「ガイコツが夜中歩き回るんだって」）などもあると，おもしろい。

4　学校案内

- 2年生が1年生の教室に迎えに行き，案内が始まる。
- 各担任は，前もってもち場を決め，安全面に気をつける。
- 案内が終わったら，1年生の教室まできちんと送り届ける。
- 探検終了後，1年生がお礼の言葉を2年生に伝えに行くとよい。

4月●さあ学級開き！　友だちをつくろう

《どこをあんないするか話し合う》

- 1年生にどこを教えてあげようか
- 郷土資料室のいろりでおしゃべりしよう
- 理科室のがいこつのもけいも楽しいよー
- いろいろ楽器がある音楽室へ行こう

《探検に必要なものをつくったり用意したりする》

- グループ内は同じもようにして、1年生の名前をかいてあげよう
- 旗があったら、グループの目印になるね
- 部屋の名前だけではなくて、何をするところか、かいておこう
- いいですよー
- すみません、教室の入口に貼ってもいいですか？

バッジ

6-2 入口

《探検にでかける》

- ほら、こっちよー
- うぇー
- えー
- この廊下にある人形はね夜中の3時になったら……

おひさま

（森　薫代）

4月のアイデア
日直は1日の運転手

◆**この活動のねらい**

「日直は1日の運転手」という合言葉で，一人ひとりがクラスのために手順を考えて仕事をすることで，クラスの一員としての自覚を高める。

◆**活動を進めるためのポイント**

①仕事内容の掲示の工夫を！

カード形式で，仕事がすんだらひっくり返すことで確認ができるようにする。全部ひっくり返すと楽しい絵になるようにする。

②活動の主な内容

〈朝のスピーチ〉

朝の会では，日直が，かんたんなスピーチを（月ごとにテーマをきめて）するようにする。

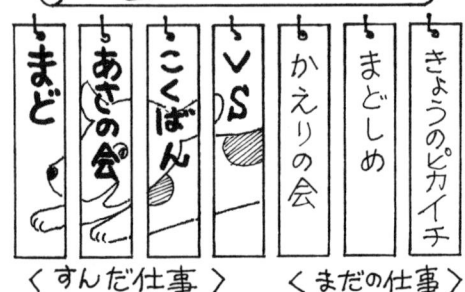

〈ボランティアサービス（VS）活動〉

日直はきめられた仕事の他に自分からみつけた仕事をやるようにする。

〈「今日のピカイチ」えらび〉

1日の終わりに，日直から見てその日一番輝いていた人をピカイチカードにかく。そこにかかれたことは，必ず学級通信や次の日の朝の会で紹介するようにする。

◆**留意点**

日直が本当に「1日の運転手」になっていくように，日常的に話題にし，進んで行動していることを認めてほめていく。

（塚田庸子）

5月

若葉のきせつだ！自然に親しもう

友だちといっしょに
みつけた自然への感動,
その心の共有の中での
友だち意識の向上へ。

1 あったかいよ，ウサギって

☆飼育活動を通して
上級生といっしょに,
動物にふれる喜びを！

2 こどもの日の集いをしよう

☆保護者もまじって
仲間との楽しいアイデアに
満ちたこどもの日の
プログラムの開演！

3 春をみつけよう

☆身のまわりにある草や花を
使っての遊び。その中で
みつけた自然の
おもしろさ，楽しさ！

4 交通安全の集い

☆ペープサートを用いて,
ごっこ遊びの手法の中で
体験的に交通安全の
ルールを身につけていく。

◆疲れてきたら気分を変えて　－ショートゲーム－

☆低学年の子の授業の合間の
心のリラックスをどう図るか,
ちょっとしたアイデア！

5月　1 あったかいよ，ウサギって

◆**この活動のねらい**

　飼育活動をしている上級生といっしょに動物にふれたり，えさをやったりする。その中で感動したことや飼育に対する疑問点を質問し，答えをもらう活動を通して，コミュニケーションの初歩的な能力を育てる。

◆**活動を進めるためのポイント**

　1　用意するもの
- 動物活動サークル。（飼育小屋にふれ合うコーナーがあるときは不要）
- 野菜類。（飼育動物のえさ）　・自己紹介カード。

　2　活動の流れ

①みんなで飼育小屋に動物を見に行こう。
　　（事前に飼育活動をしている学年に連絡しておき，飼育活動中に飼育小屋に行くようにする）

②飼育活動をしているお兄さん，お姉さんと仲よしになろう。
- 自己紹介カードを送る。
- 仲よし集会をする。
　　（当番活動がクラス単位のときは，合同集会が効果的）

③お兄さん，お姉さんに飼育動物について教えてもらおう。
- 聞きたいことをたずねたり，思ったことを話したりしながら動物とふれ合う。

◆**留　意　点**

　異学年の交流活動を意図的にすることは，自分の思いを相手に伝えたり，相手に合わせて答える能力の育成に効果的である。

5月 ●若葉のきせつだ！　自然に親しもう

《自己紹介カードをかこう》

〈自己紹介カード　例〉

しいくの〇〇さんへ
ぼくのなまえは〇〇〇です。
ぼくはインコがすきです。

インコのすきなえさをおしえてください。
いっしょにあそんでください。

《飼育係のお兄さん，お姉さんと動物バスケットで遊ぼう》

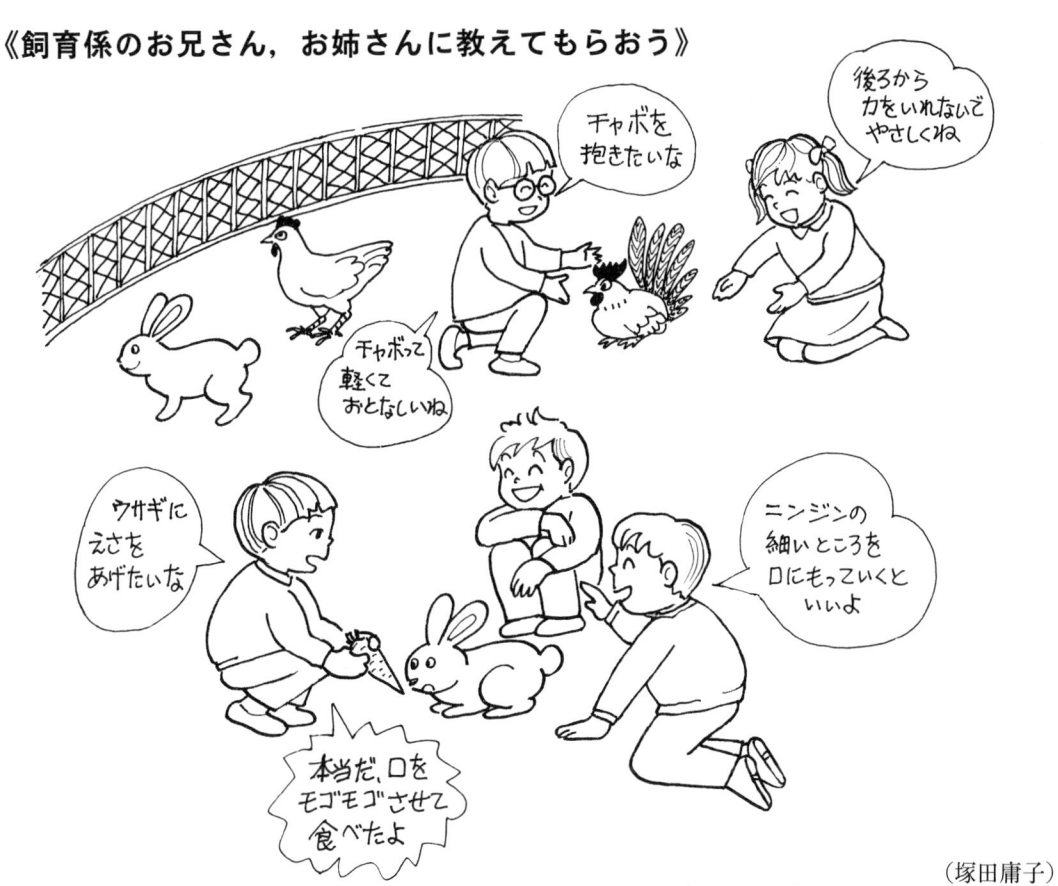

あっ
ぼくだ！

モルモット！！

※フルーツバスケットを，動物名に変えて行う。

《飼育係のお兄さん，お姉さんに教えてもらおう》

チャボを
抱きたいな

後ろから
力をいれないで
やさしくね

チャボって
軽くて
おとなしいね

ウサギに
えさを
あげたいな

ニンジンの
細いところを
口にもっていくと
いいよ

本当だ，口を
モゴモゴさせて
食べたよ

（塚田庸子）

5月　2 こどもの日の集いをしよう

◆**この活動のねらい**

　アイデアを出し合って楽しいこどもの日の集いをし，保護者を招待して友だちといっしょに歌やゲームなどをする楽しさを味わう。

◆**活動を進めるためのポイント**

　1　用意するもの

・きれいな色のビニール袋，色紙，セロハンテープ，マジック。
・ＣＤプレーヤー，音楽。
・歌と踊りを練習しておく。
・授業への保護者参加の趣旨を，前もって学年だよりで知らせる。
・保護者への子どもたち手づくりの招待状。

　2　こどもの日の集い

①迎える歌をうたい，保護者を迎えいれる。
②「動物仲間づくり」や「整列競争」などでウォーミングアップする。
③グループで「こいのぼりファッション」をつくる。
④各班でポーズをきめたり，キャッチフレーズを紹介したりしてファッションショーを楽しむ。
⑤みんなで楽しく歌をうたう。
⑥いっしょに楽しんでくださった保護者に感謝の気持ちを伝える。

◆**留意点**

・1年生にとっては，はじめての大きな集いであることが考えられるので，雰囲気づくりを大切にする。
・2年生は，司会などの役割もきめて活動するようにする。
・保護者に感謝の気持ちを十分に伝えるようにする。

5月●若葉のきせつだ！　自然に親しもう

《楽しいゲームを》
・動物仲間集め

カードにかいてある動物のまねをしましょう。同じ仲間で集まりましょうね。声を出してはいけませんよ

プログラム
みんなとたのしくこどもの日
1. みんなでゲームを
　〈動物ゲーム　整列ゲーム〉
2. グループでじこしょうかい
3. こいのぼりファッションづくり
4. こいのぼりファッションショー
5. かんそうこうりゅう
6. おわりのことば

《楽しいこいのぼりファッションショー》

わたしはうろこをはるね

元気で空をとぶイメージにしようね。空とぶ2班だね

（齋藤邦子）

5月　3 春をみつけよう

◆**この活動のねらい**

　身のまわりにある草や花を使った遊びを教わったり，工夫したりして，友だちと遊ぶ。遊びを通してみつけた自然のすばらしさに驚いたり感動したりしながら，友だちと自然の中で過ごす楽しさを味わう。

◆**活動を進めるためのポイント**

　1　用意するもの

☆子どもが用意するもの

　つんだ花やつくったものをいれる袋，はさみ。

☆教師が用意するもの

　活動の幅が広がるように，子どもが要求しそうなものは用意しておく。

　　（例）ボンド，糸やひも，輪ゴム，竹ひご，クレヨン。

　2　遊びの約束をきめる

・遊びに使う以外の草や花はとらない。
・みつけたり考えたりした遊びは，友だちにも教えてあげる。
・遊びが終わったら，きれいに手を洗う。
・あぶないものをみつけたら，自分ではさわらずに先生に知らせる。

◆**留　意　点**

　子どもがのびのびと遊べるよう，活動場所を事前に調査しておく。

・草や花は，子どもが十分に活動できるだけの種類や量があるか。
・近くに，毒性のある草木や危険なところはないか。

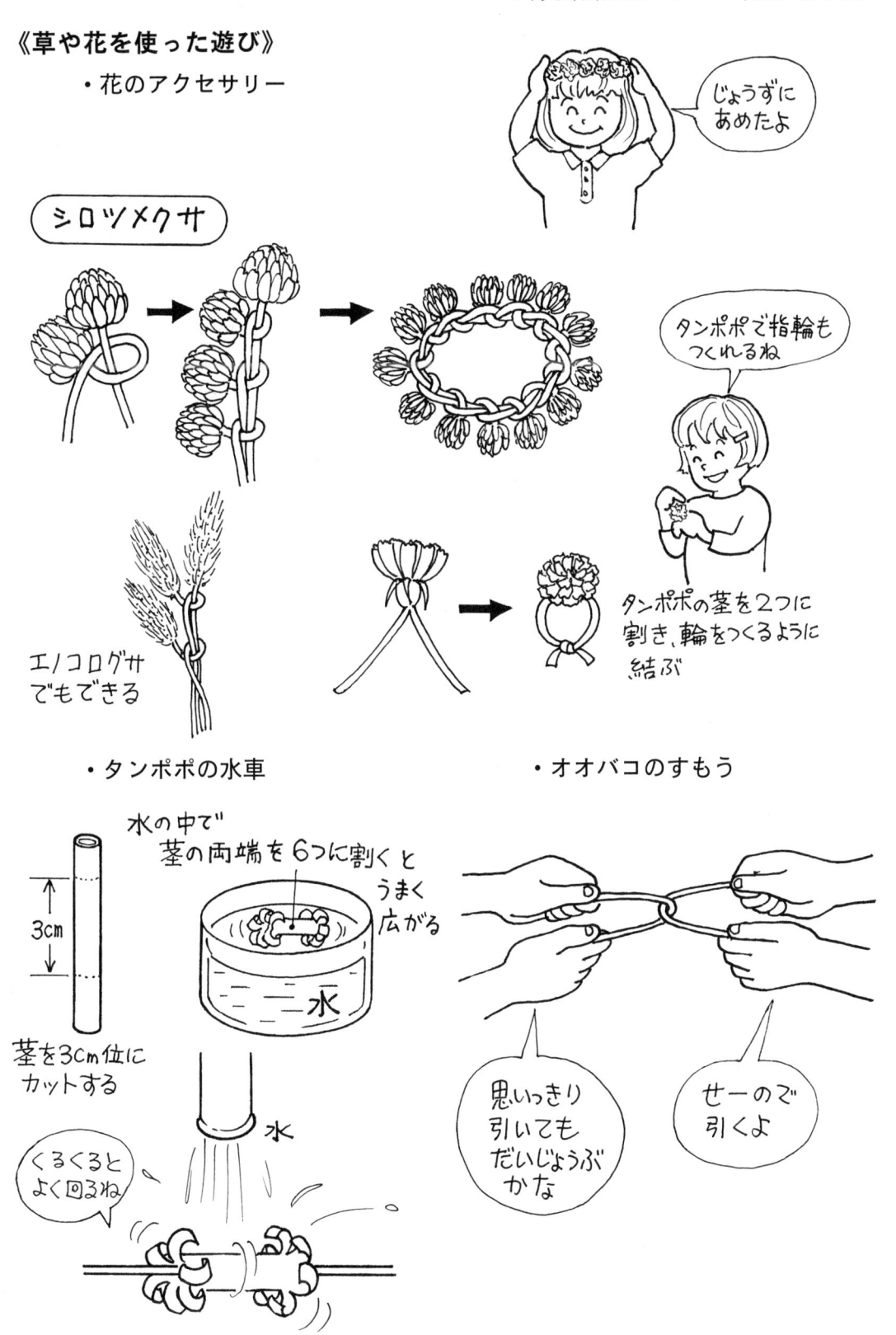

5月●若葉のきせつだ！　自然に親しもう

《草や花を使った遊び》
・花のアクセサリー

じょうずにあめたよ

シロツメクサ

タンポポで指輪もつくれるね

エノコログサでもできる

タンポポの茎を2つに割き、輪をつくるように結ぶ

・タンポポの水車

茎を3cm位にカットする

水の中で茎の両端を6つに割くとうまく広がる

くるくるとよく回るね

・オオバコのすもう

せーので引くよ

思いっきり引いてもだいじょうぶかな

（巣永和子）

25

5月 4 交通安全の集い

◆**この活動のねらい**

　子どもたちに，日常生活の中でどのようにして車の被害から身を守るかを，言葉で注意するだけではなく，体験活動を通じて身につけさせる。

◆**活動を進めるためのポイント**

　ペープサートを用いたごっこ遊びを導入することで，楽しく仲間と知恵を出し合いながら，交通安全の実際に即したルールを学ばせる。

1　ペープサートのつくり方

① クラス全員で交通安全についての話し合いをもち，どんなときに，どんな場面があるか，どうしたらいいか，交通安全についてのオリエンテーションをしておく。

② 図工の時間などを使って，各人でペープサートをつくる。はじめに各種の自動車などをかく人，自転車に乗った人や歩行者の子どもや老人などをかく人をきめ，画用紙などにかいていく。この場合，表と裏の両面に同一の人物や自動車をかくわけであるが，裏返すとびっくりした場面，危険にあった場面，安全を喜ぶ子などの，逆転の構図になるようにつくっておくなど，それぞれに役割をもたせてえがかせる。終わったら色ぬりをする。

③ 絵を切り抜く。切り抜いた絵の中央に，割りばしや竹を使った心棒をとりつける。（右ページ参照）

2　遊び方

- 教室，体育館または校庭に交差点のある道をつくる。室内の場合は色のテープを貼っておく。
- 教師は信号の役目。その場面場面での交通ルールを教えていく。
- 子どもたちには場面に応じた，自由なセリフを即興的につくらせる。
- ペープサートを裏返したときの意外性やおもしろさを生かす。

5月●若葉のきせつだ！　自然に親しもう

《用意するもの》
・割りばし，針金，ゴムひも，厚手の画用紙，ボール紙，クレヨン，油性のカラーペン，はさみ。

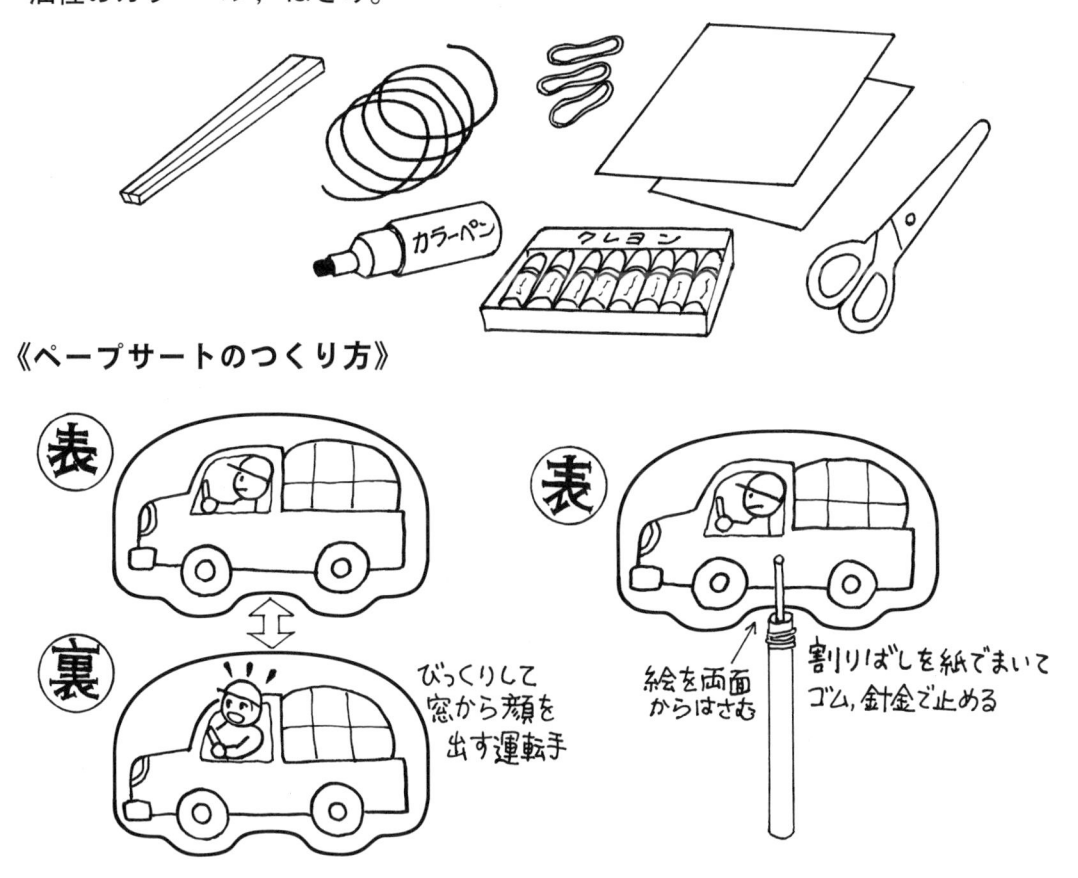

《ペープサートのつくり方》

表
裏

びっくりして窓から顔を出す運転手

絵を両面からはさむ

割りばしを紙でまいてゴム，針金で止める

《演じ方》　交差点での場面

先生：信号の役目

交通ルールに沿った遊びをする。

(小川信夫)

5月のアイデア　疲れてきたら気分を変えて
● ショートゲーム ●

◆この活動のねらい

　低学年の子どもたちは，長い時間集中して学習することが苦手である。そこで，授業と授業の間にショートゲームをはさみ，その間にトイレ休憩をとったり，気分を新たにしたりして意欲的に次の授業にとりくませていきたい。

◆子どもたちといっしょに楽しくショートゲームを

子どものすきなジャンケンゲーム
―先生と集団でジャンケンを―

「おなかがすいたらグーグーグー
ジャンケンポン！
勝った子えっへん！
あいこはまあまあ！
負けた子みじめ！」

さあ2回戦ね！

みじめ～
まあまあ
エッヘン

手遊び
―ちゃちゃつぼちゃつぼ―
だんだんスピードを速くしていく。

チャチャつぼ
チャつぼ
チャつぼにゃ
ふたがない

こんどは6年生の速さに挑戦よ！

◆留意点

　子どもの心が1つになり，気持ちが切りかわるようなゲームのプログラムをたくさんもっていて，時と場所に合わせて活用するようにする。

（塚田庸子）

6月

雨の日も楽しい遊び方・過ごし方

内部に閉じこめられた子どものエネルギーを，楽しく解放させる。その手だての開発へ！

1 本は友だち
－保護者も加わる読み聞かせ－

☆読書指導の初期段階として工夫した，読み聞かせの方法を！

2 室内オリンピック大会
－われこそチャンピオン－

☆雨の日，みんなで工夫した楽しい室内遊び。入場式から金メダルまで。さあ，オリンピックのはじまり，はじまり。

3 手袋人形劇のはじまり，はじまり

☆手袋を使ったちょっとしたアイデアの人形劇。表現活動の基本を学ぶ。

4 雨の日の大発見

☆雨の日ならではの観察や実験の楽しさ。カビのふしぎに挑戦。

◆雨の日も楽し

☆室内遊びのコーナーをどうつくるのか，そのヒントを！

6月 1 本は友だち
● 保護者も加わる読み聞かせ ●

◆この活動のねらい

読書指導の初期段階として、読み聞かせを導入し、本にかかわる楽しさを味わわせると同時に読書に対する関心を効果的に高める。

◆活動を進めるためのポイント

この読み聞かせ活動は、複数の保護者や教師がそれぞれ子どもに読んであげたい本を選び、子どもも聞きたい本のところへ行って聞くことに特徴がある。このことは、子どもたちの本に対する積極的なかかわりを促し、同時に読書に対しての関心を高める役目をしている。

1 毎週○曜日、15分間程度、自分が聞きたい本をきめて

読む楽しさの効果を上げるためには「継続されていること」「聞きたい本を自分で選び、きめられた場所には○○先生や、○○さんがいること」など、子どもたちの関心や主体性を大切にしたとりくみを工夫することが必要になる。

2 係の活躍で

「本と友だち係」をつくり、係の子どもは、毎週「読み聞かせ」の3～4日前に先生方やボランティアの方たちに読む本を聞いてまわり、一覧表にして各教室に貼る。この一覧表を子どもたちが見て自分の読みたい本をきめるのである。

3 ブックボランティアの活動

「読み聞かせ活動」をより活性化させることと同時に、保護者の学校への積極的なかかわりをねらって募集している。保護者には、いくつかのチームに分かれ、およそ月1回のペースで「読み聞かせ」「子どもたちとのふれ合い」「本の整理」にボランティアとして協力してもらうようにしている。

4 多くの保護者に知らせるため ―「たより」の工夫―

月に1回程度の割合で、「読書だより」や「ブックボランティアだより」を発行する。その月の読書傾向や子どもからの聞きとり感想文などを載せる。

6月●雨の日も楽しい遊び方・過ごし方

<読み聞かせ活動> 子どもの好きな本 best 5

『のはらうた』
『注文の多い料理店』
『おばけのがっこうへきてください』
『くまの子ウーフ』
『花さき山』

《「たより」の工夫》

・活動を保護者に知らせるため，また，ブックボランティア同士の共通理解のため。

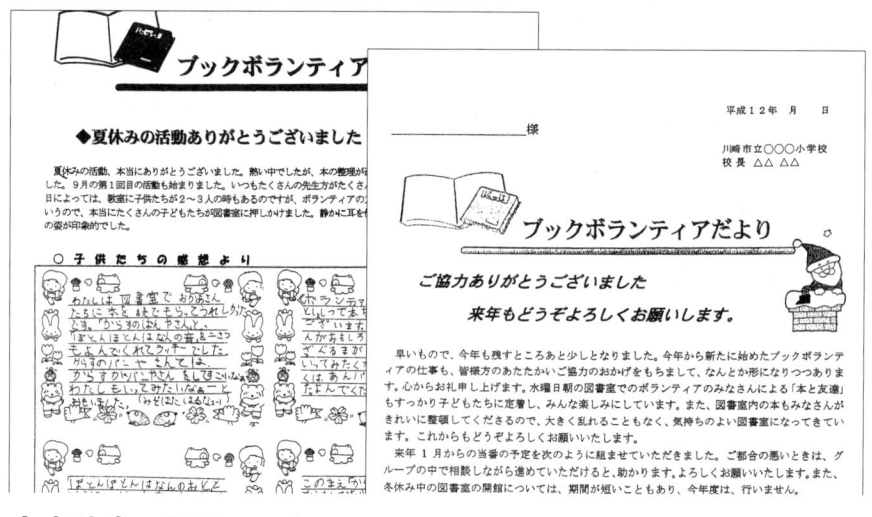

《朝の自由読書に発展して》

・読み聞かせ ⇒ 自由読書へ

・朝の帯時間（15分）に位置づけて
・「毎週継続して」
⇒ 区や地域の図書館と連携して

ブックボランティアのお母さん方

（塚田庸子）

6月 2 室内オリンピック大会
● われこそチャンピオン ●

◇この活動のねらい
雨の日，みんなで話し合い協力して，楽しい室内遊びをする。この経験を通じて仲間意識を育てる。

◇活動を進めるためのポイント
①学級の話し合いを通じて，みんなで楽しくできる室内オリンピックの方法，ルールをきめる。会場は教室，または体育館などの広い室内空間。

②種目をきめて，材料を集めて道具づくり。
- こより（やわらかな紙で，やり投げ用） ・新聞紙（各自用意，マラソン用）
- 風船（砲丸投げ用） ・折り紙，3m程度の糸，割りばし（ボートレース用）

③プログラムを黒板にかく。全員ハチマキをして入場。入場式を工夫。
聖火入場。（画用紙を丸めた筒の先に赤く染めた綿で聖火をつけておく）
みんなで歌をうたう。（子どものすきな歌を選定）
選手宣誓。（代表，または呼びかけで全員がコールする方法もある）

④競技開始
- 風船の砲丸投げ　床に直径1mの円を色テープでつくり，そこから風船を投げ，飛んだ距離を測って競う。
- やり投げ　前もってつくったこよりをきめられたラインから投げて飛距離を競う。
- ボートレース　折り紙で船をつくり，その船の先に3mの糸をくくりつけ，その糸のはしに割りばしを結びつける。糸をいっぱいにのばし，スタートラインに船を並べ，笛の合図で糸を巻き，船がゴールする早さを競う。
- 新聞紙切りマラソン　各自，新聞紙を1枚用意する。スタートの合図で手を使って，きめられた時間内にできるだけ長くつながるように切っていく。長く切った人が優勝。（右ページ参照）
- 閉会式　牛乳キャップに金，銀，銅の色紙を貼ったメダルを授与する。閉会の言葉。みんなで歌をうたって終わる。

6月 ●雨の日も楽しい遊び方・過ごし方

《聖火入場》

・聖火づくり

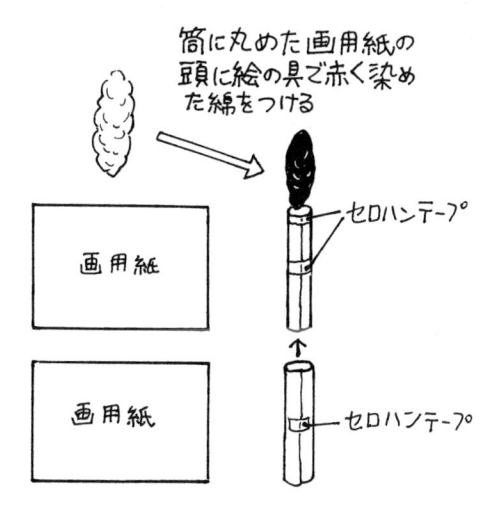

筒に丸めた画用紙の頭に絵の具で赤く染めた綿をつける

画用紙 → セロハンテープ
画用紙 ← セロハンテープ

・入場式と聖火台

みんなで拍手（歌をうたう）
花びんに聖火の筒をさす
脚立

《風船の砲丸投げ》

風船を投げる
色のテープで円をかく

《ボートレース》

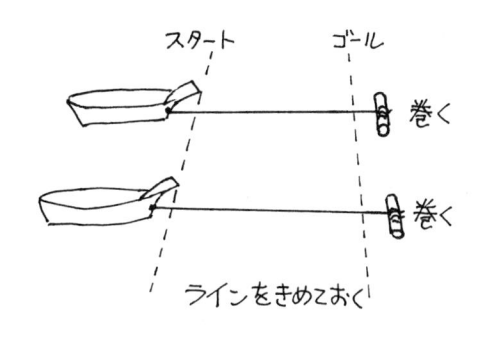

スタート　ゴール
巻く
巻く
ラインをきめておく

《新聞紙切りマラソン》

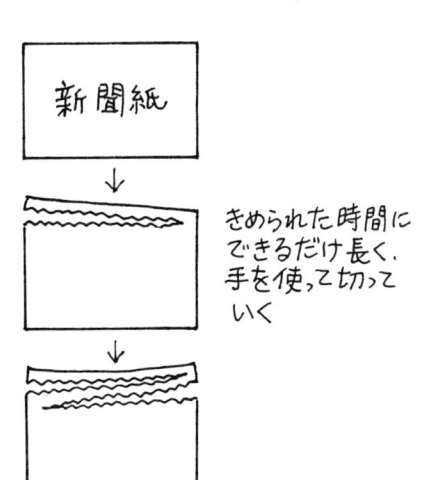

新聞紙
↓
↓

きめられた時間にできるだけ長く、手を使って切っていく

《閉会式》

牛乳キャップでできた金、銀、銅のメダルをもらっての表彰式

色リボン
メダル

（小川信夫）

6月　3 手袋人形劇のはじまり，はじまり

◆**この活動のねらい**

　手袋を使って，かんたんな人形をつくり，室内で楽しい劇遊びをする。造形的な楽しさや表現活動の基本を体得させる。

◆**活動を進めるためのポイント**

　1　用意するもの

- 古い手袋，フェルトの布，綿，ボール紙，輪ゴム，ゴムひも，タオル（動物に合った色のもの），テーブルクロス，絵の具と筆，はさみ，接着のり。

　2　人形のつくり方

頭部のつくり方

①対の手袋の片方を使って，親指と中指，そして，くすり指の部分をそれぞれ，手袋の内側にいれ，元の部分を軽く縫っておく。その手袋の内部に綿ややわらかい紙などを指先までつめ，顔の部分のふくらみを出す。

②手袋の顔の部分にフェルトを切ってつくった目や口をのりで貼る。

③ボール紙を中指が十分はいるくらいの太さに巻いて円筒をつくり，輪ゴムでしっかりとめる。（この場合，別の手袋をしたまま操作できる太さ）

④円筒を手袋にさしこみ，手袋の下の部分をゴムひもでしっかりしばる。

洋服のつくり方

①タオルを幅10cm程度（幅は子どもの手の大きさによって調整する）に切って，はしがほころびないように縫っておく。

②タオルを2つに折り頭部をさしこむ。

　2　人形劇の演じ方

- もう片方の手袋をして人さし指を円筒（首）に入れ，親指と中指を洋服の下から出して動きの演技をする。
- 舞台は長机を用意してテーブルクロスをかけ，人形操作をする。
- かんたんな背景を黒板やパネル板を使ってかいたり，切り抜き絵を貼る。
- 劇の台本は絵本の話や，子どもにつくらせたものを演じ合う。

6月●雨の日も楽しい遊び方・過ごし方

《手袋人形のつくり方》
・対の手袋を用意する。つくる人形のキャラクターによっては色ちがいでも
おもしろいものができる。

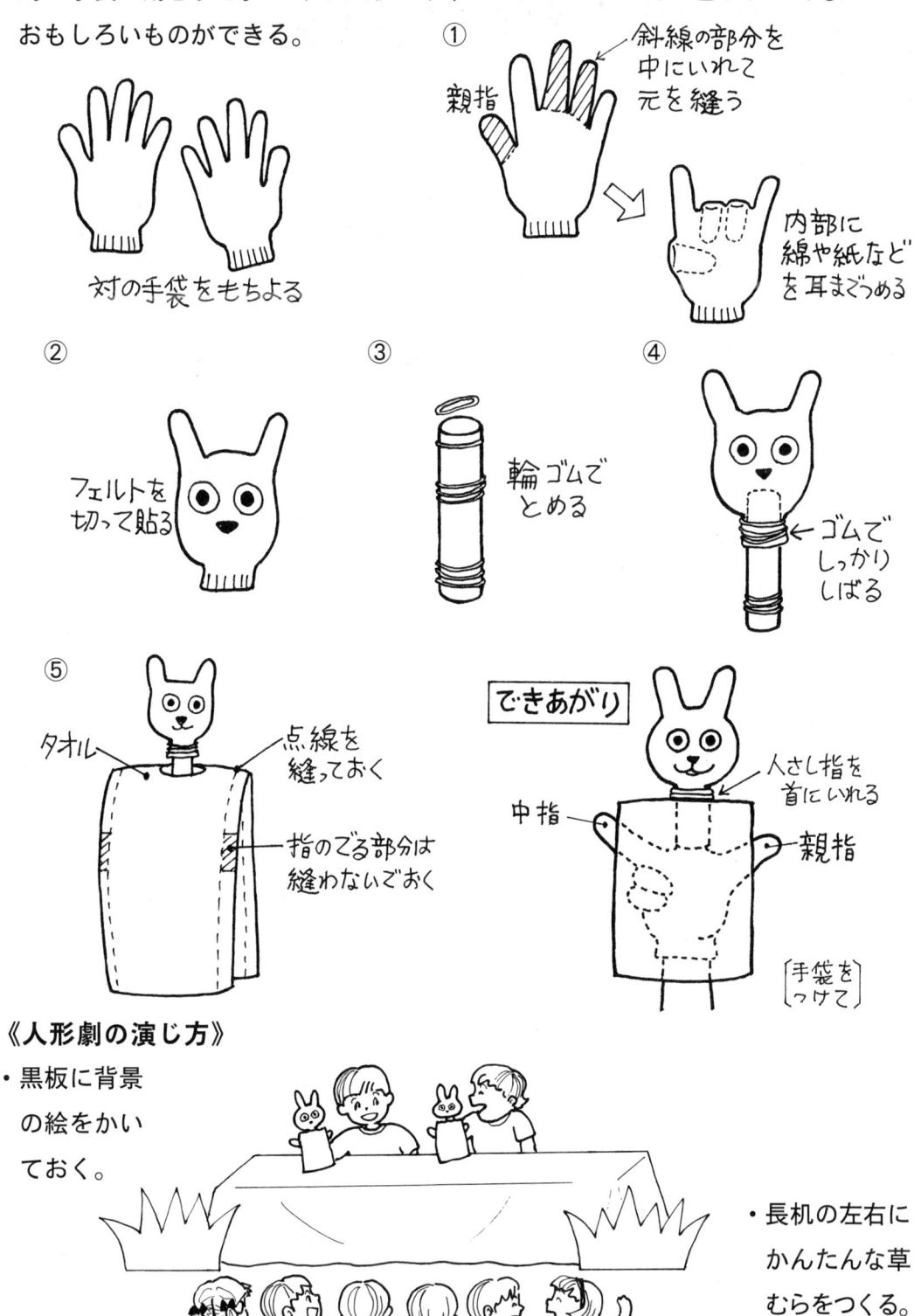

対の手袋をもちよる

① 親指 斜線の部分を中にいれて元を縫う
内部に綿や紙などを耳まるつめる

② フェルトを切って貼る

③ 輪ゴムでとめる

④ ゴムでしっかりしばる

⑤ タオル　点線を縫っておく
指のでる部分は縫わないでおく

できあがり
中指　人さし指を首にいれる　親指
[手袋をつけて]

《人形劇の演じ方》
・黒板に背景の絵をかいておく。

・長机の左右にかんたんな草むらをつくる。

（小川信夫）

35

6月　4 雨の日の大発見

◆この活動のねらい

　雨の日が続き思うように外で遊べない梅雨の季節も，視点を変えれば，雨降りならではの観察や実験のチャンス。カビが発生する現象を体験して，梅雨どきの健康や衛生に関心をもつ。

◆活動を進めるためのポイント

1　用意するもの

- 実験用の食品。（保存料のはいっていないパン，ごはん，チーズ，レモン，野菜など）
- ビニール袋，乾燥剤，温度計，保冷庫。

2　カビが生える条件

気温 25℃〜30℃，湿度 80％以上で繁殖が活発になる。

3　実験と観察の方法

☆カビがすきなもの比べ

　いろいろな食品をビニール袋の中にいれ，室温の中に数日放置する。

☆カビから守ろう大作戦

　カビが梅雨をこのむわけを考えて，カビが生えない方法を工夫する。また，いろいろな条件で，パンなどのカビの生えやすい食品でカビの生え方を比べる。

　①食品といっしょに乾燥剤をいれて　　②保冷庫（冷蔵庫）にいれて
　③ラップでぴったりくるんで　　　　　④水の中にいれて　　　　　　など。

◆留意点

- 梅雨の時期になって食べものの保管の仕方や，生活の仕方が変わったことに気づかせる。
- 最後に，自分にもできる「おなかをこわさない方法」を考えさせる。

6月●雨の日も楽しい遊び方・過ごし方

《カビがすきなもの比べ》

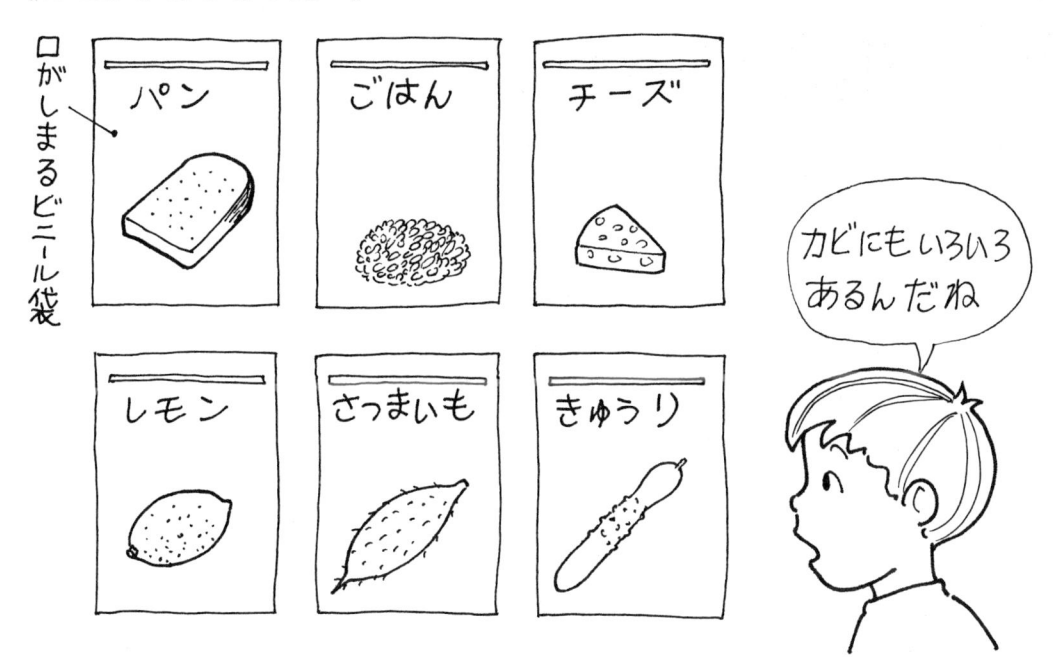

口がしまるビニール袋

- パン
- ごはん
- チーズ
- レモン
- さつまいも
- きゅうり

「カビにも いろいろ あるんだね」

《カビから守ろう大作戦》

保冷庫

乾燥剤

日光

「うちのお母さんは すぐに冷蔵庫に いれてるよ」

（巣永和子）

6月のアイデア 雨の日も楽し

◆**この活動のねらい**

　雨が続くと外遊びができず子どもたちも欲求不満になってしまう。禁止事項の羅列ではなく，担任も混じって楽しく遊び，心を開放する時間をつくっていく。

◆**遊びのコーナーづくりを**

- ふだんから室内遊びのコーナーをつくっておく。
- 学年や図書館司書の先生方と協力して，先生といっしょに遊ぶコーナーや子どもたちが自由に遊ぶコーナーをつくっておく。

　　〈室内ゲーム〉　　　　　〈読み聞かせ〉　　　　〈うたえば楽し〉

　　1組で（オリンピック）　　図書室で　　　　　　2組で

◆**留意点**

- 雨の日の廊下の滑りやすさなど，安全については十分に話し合っておく。
- 子どもの思いを大事にしながら，生活面の規律にそぐわないものなどを学年で話し合って伝えるようにする。

（塚田庸子）

7月

大空に夢を！七夕への願い

夜空に瞬く星，
子どもの夢を七夕に，
そして夏休みへの期待も
ふくらむとき。

1 わたしのゆめ，ほしにねがいを

☆グループで楽しむ
七夕まつりの開き方。
飾りつけのアイデアも！

2 宇宙ロボットをつくって遊ぼう

☆空き箱などを利用して
いろいろなロボットづくり，
宇宙ステーションの
でき上がり。

3 英語で遊ぼう －サラダパーティー－

☆外国の人や地域の
ボランティアの人たちと，
英語であいさつ。
そして，サラダパーティーを。

4 学級のお楽しみ会

☆1学期の終わり，
夏休みを前に，楽しい
学級のお楽しみ集会。

◆保護者とのキャッチボール －学級通信の工夫－

☆保護者に喜ばれる学級通信，
ともにキャッチボールの
できるアイデアを！

7月　1 わたしのゆめ，ほしにねがいを

◆**この活動のねらい**

　七夕の季節，子どもの夢が広がるときである。保護者とともに七夕に関するいろいろな活動を楽しむ。みんなで教え合って七夕飾りをつくり，力を合わせて成し遂げた喜びを味わう。

◆**活動を進めるためのポイント**

　1　用意するもの
- 竹（グループの数分），色紙，セロハンテープ，マジック，ひも。
- ＣＤプレーヤー，音楽。

　2　星に願いを集会

①七夕に関する本の読み聞かせを楽しむ。

②自分たちの夢を発表し合う。
- 自分たちの夢は，前もって短冊にかいておく。保護者も自宅からかいてくる。
- 自分たちがかいてきた夢について一人ひとり発表をする。発表後みんなで笹に短冊を飾る。

③保護者のみなさんに七夕飾りを教えてもらって飾りづくりをする。

④七夕飾り発表会　各班で飾りのキャッチフレーズを発表する。

⑤みんなで歌と合奏を楽しむ。

◆**留　意　点**

　保護者の代表にグループアドバイザーをしてもらうようにする。前もっての打ち合わせをしっかりしておく。

7月●大空に夢を！ 七夕への願い

《グループで「わたしのゆめ」を発表し合い，短冊を笹につける》　　《楽しく七夕飾りづくりを》

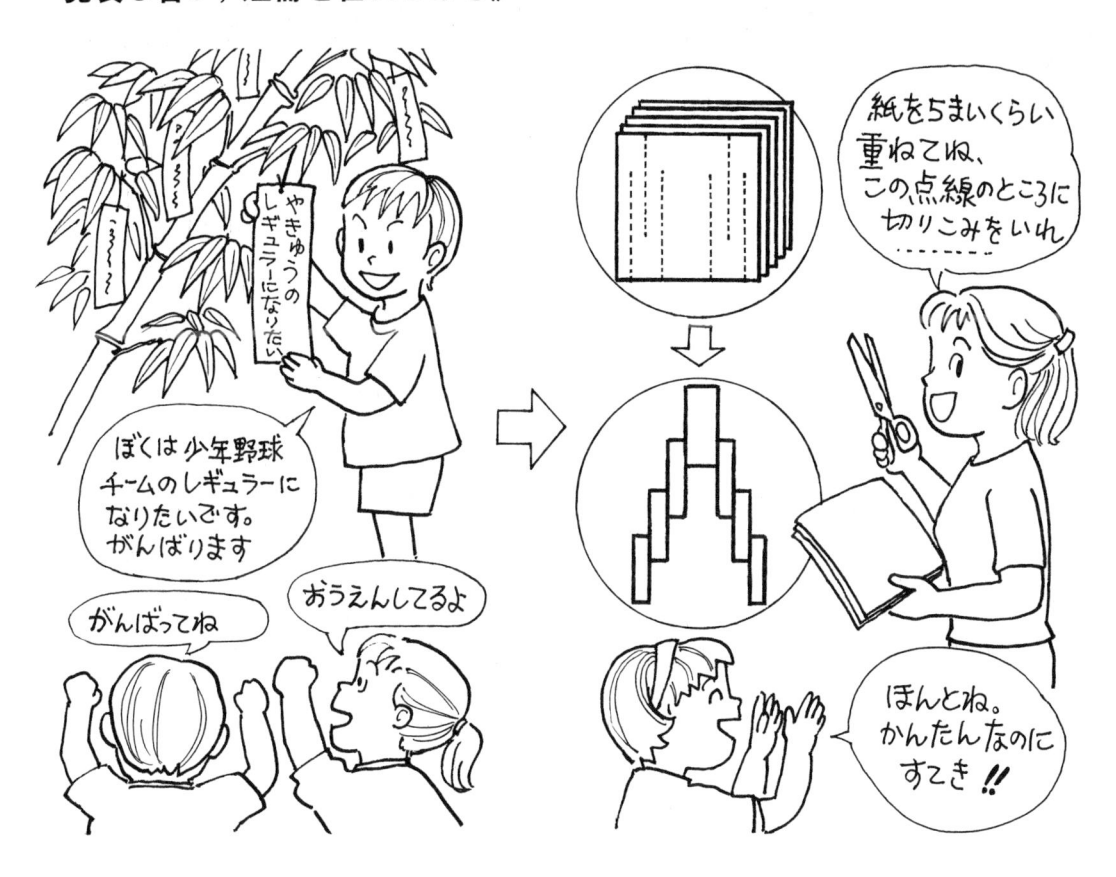

紙を5まいくらい重ねてね、この点線のところに切りこみをいれ……

ぼくは少年野球チームのレギュラーになりたいです。がんばります

がんばってね

おうえんしてるよ

ほんとね。かんたんなのにすてき‼

《自分たちの七夕飾りのキャッチフレーズを発表する》

わたしたちの飾りは「つながれ、みんなの夢」です。わ飾りをたくさんつくりました。おかあさんに飾りのつくり方も教えてもらいました

パチパチ

（齋藤邦子）

7月　2　宇宙ロボットをつくって遊ぼう

◆**この活動のねらい**

　空き箱などの身近な材料を使って，宇宙を自由に飛びまわるロボットをつくる。友だちと力を合わせて，大きさや形を工夫する。

◆**活動を進めるためのポイント**

　1　用意するもの
・段ボール箱。（スーパーなどでもらってくる）
・おかしなどの空き箱やペットボトル。（各自もってくる）
・折り紙（金，銀も）。　・はさみ，のり，セロハンテープ，ガムテープ。

　2　夢を話し合う

　「ロボットに乗って宇宙探検に行こう」と呼びかけ，宇宙でどんなことをしたいかを話し合う。絵や作文をかかせてもよい。

（例）・月で遊びたい。月のクレーターでかくれんぼをする。
　　　・宇宙人と友だちになりたい。ユーフォーと競争だ。

　3　教室全体を宇宙空間に

　黒板や窓に，星や銀河の絵をかいて貼る。星座を調べて，黒い紙にかいて掲示する。宇宙の雰囲気をイメージさせる音楽を流す。暗幕をして，暗くして懐中電灯を光らせてみる，など。

◆**留　意　点**

・無重力を想像しておにごっこをしたり，ロボットを使って宇宙探検ごっこをしたりして，劇遊びを楽しむ。
・宇宙に関する物語の絵本や図鑑を集めて，紹介すると興味を広げることができるだろう。

7月●大空に夢を！　七夕への願い

《宇宙ステーション》
・大ロボットは，学級全体でつくる。段ボールなどを組み合わせ，見上げるような大きなロボットをつくる。
・中ロボットは，グループを組んで，協力してつくる。
・大ロボット，中ロボットは，宇宙ステーション（机を組んでつくる）から，いろいろな星へ探検に出発する。

「名前をつけましょう！」
「天のがわにしゅっぱつ！」
「かっこいい！」

《つくり方の工夫》

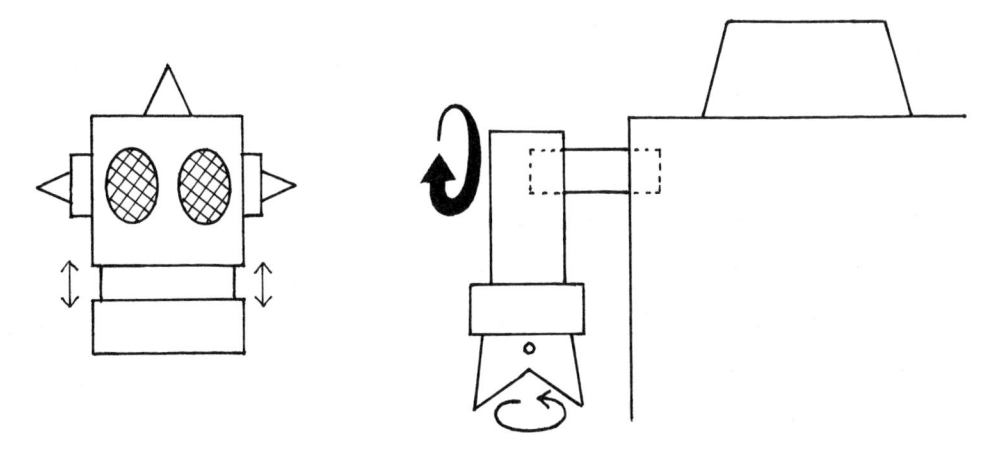

・口が開いたりとじたりする。
・うでや手がぐるぐる回る。
・ロボットのおなかの引き出しをあけると，探検用ロケットがはいっている。
・小ロボットを合体させて，中ロボットに変身。
　など。

（野口祐之）

43

7月　3 英語で遊ぼう
●サラダパーティー●

◇**この活動のねらい**

　地域に住む外国人やボランティアの人たちと，英語であいさつをしたり，生活科で収穫した野菜でサラダパーティーをする中で，外国の人たちとだけでなく友だち同士でも気軽に英語を楽しむことができる。

◇**活動を進めるためのポイント**

　1　用意するもの
- 野菜カード。（収穫した野菜を中心に絵で表す）
- サラダをつくる道具など。（ボール，包丁，しゃもじ，皿，はし，ドレッシングなど）
- 野菜類。（生活科で育てて，収穫したもの）　・調理をする支度。

　2　英語であいさつ
- ＡＬＴやボランティアのあいさつをまねて，ＡＬＴや友だちとあいさつをする。
　「ハロー，ひろみ」⇔「ハロー，ジャック」
　「グッバイ，ジャック」⇔「グッバイ，ひろみ」

　3　ベジタブルバスケット（ゲーム）を楽しむ
- 生活科で栽培した野菜の絵をカードにかいて首から下げる。
- 英語で野菜の名前をいいながら，ベジタブルバスケットのゲーム（フルーツバスケットを，野菜名に変えて行う）をする。（ゲームが中心ではなく，英語で発音することが中心なので，野菜の名前をみんなで繰り返したりする）

　4　サラダパーティー　―英語を使ってサラダをつくろう―
- サラダをつくるための道具の名前を英語で発音する。⇒ボランティアの方々に手伝ってもらって，覚えた英語で話しながらサラダをつくる。⇒サラダパーティで味を楽しむ。
　「キューカンバーをカット。」「ボールにトマトとレタスを入れてミックス。」

7月●大空に夢を！ 七夕への願い

《英語で楽しいあいさつを》

・相手の目を見てはっきり話そう。

Hello ひろみ

Hello ジャック

・ベジタブルバスケットを楽しもう!!

ベジタブルカードをつくって首にかけよう

わたしは tomato よ

ぼくは eggplant だよ

・サラダをつくろう，そしてサラダパーティーをしよう！

サラダができたら，パーティをしよう

カット，カット，カットだね

（塚田庸子）

7月　4 学級のお楽しみ会

◆**この活動のねらい**
　1学期の終わりにみんなの心を1つにして，学級づくりが進んできたことを友だちとともに喜び合う集会を楽しむ。

◆**活動を進めるためのポイント**
　1　楽しいゲーム集会にしていく
☆友だち○×クイズ
- 1週間前から自己紹介カードをかいて教室に掲示しておく。
- 自己紹介カードの中から楽しい○×クイズを1人2個ずつつくる。
- 問題を出す順番を話し合いできめておく。
- 順番に問題を出し○×クイズを楽しむ。
- 正解者は，正解カードに○をつける。
- 正解の多い人をほめ，感想を交流する。

☆班対抗ゲーム
- 今まで学級でやったゲームの中から楽しかったゲームをとりいれる。

☆みんなの歌
- 1学期にみんなでうたった歌の中から「みんなでうたいたい歌アンケート」をとっておく。教室にベスト10を貼り出し，その中のベスト3を集会でうたう。
- 伴奏や身体表現などを前もってきめておく。

自己紹介カード
年　組（　　）
すきなたべもの　とくいなこと
たからものは　しょうらいなりたいものは

◆**留意点**
　自分の成長や友だちの成長をともに喜び合う雰囲気づくりをする。

7月●大空に夢を！ 七夕への願い

《○×クイズ》

ぼくのすきな食べものはトンカツです

たしかフライドチキンだったよね

《班対抗こんにちはゲーム》

こんにちは

プログラム担当がつくるプログラム

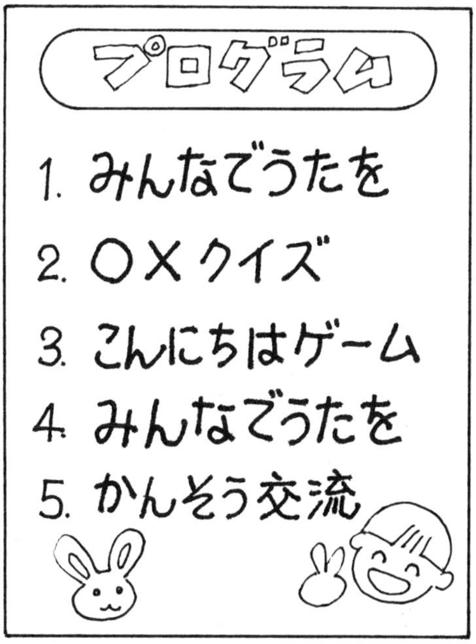

プログラム
1. みんなでうたを
2. ○×クイズ
3. こんにちはゲーム
4. みんなでうたを
5. かんそう交流

・背中合わせに立ち，ジャンケンに勝った方が「こんにちは」といい左か右に顔を向ける。相手が同じ方向を向いたら勝ち。

（齋藤邦子）

7月のアイデア 保護者とのキャッチボール
●学級通信の工夫●

◆**この活動のねらい**

　継続的に発展的な内容で発行される学級通信は，学校と保護者を結ぶ貴重なかけ橋になっている。通信欄を設けたり，内容を吟味したりしながら，さらに双方向からのキャッチボールができるようにしていく。

◆**継続的・発展的に活動を続ける**

①どんな内容を
- 学級のようす
- 学級のできごと
- 学習のねらいや内容
- 学習の足跡
- 子どもの思い
- 教師の思い・考え
- 保護者からの通信欄

②どんなことに留意して

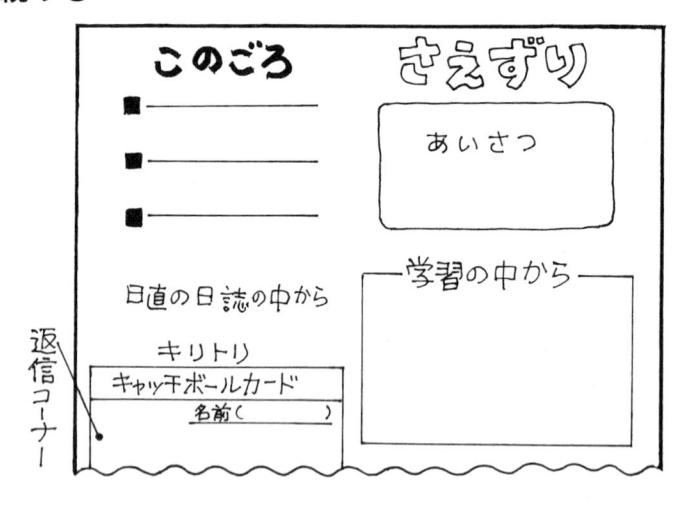

- 読みやすいようにイラストを工夫する
- 多くの子どもを多様に取り上げて つぶやきやふとしたときの輝きを紹介しよう
- 発行前に学年主任や校長（教頭）に見てもらう
- 保護者の返信は必ず生かすようにしていく
- 人権やプライバシーには十分に配慮

（塚田庸子）

8月

おもいっきり 自然に親しもう

自由にのびのびと
自然との共生を楽しむ
ことのできる夏休み,
その援助の方法を!

1 楽しい絵日記を つくろう

☆絵日記のいろいろな
つくり方のアイデアを
考える。

2 わたしのえらんだ 1冊の本

☆休み中に読んだ本の中
から,友だちに紹介したい
本を絵手紙や
ロールペーパーのおたよりで。

3 夏の採集 アイデア集

☆自然とふれ合う
チャンスを生かして,
虫や草花の採集を!

4 緑の木陰の お楽しみ会

☆異年齢で楽しめる
少人数でのお楽しみ会の
企画と実践のアイデア。

◆色水をつくって遊ぼう

☆植物の花や実,葉の汁を
使った遊びの楽しさ,
自然にふれる喜びを!

8月　1 楽しい絵日記をつくろう

◆この活動のねらい

さまざまな絵日記のアイデアを聞き，自分なりに工夫を加え，絵日記づくりに挑戦する。

◆活動を進めるためのポイント

1　クレヨンでかくだけの絵日記ではなく，さまざまな方法があることを紹介する

・旅行日記

　旅行でうつした写真に吹き出しをつけたり，もらってきたパンフレットを切って貼ったりして，楽しかった思い出を1枚の絵日記に表す。

・花のたたき染めや押し花でつくった絵日記

　自分の家の庭や近くで咲いている花をたたき染めにしたり，押し花にしたりして絵日記をつくる。

・貼り絵の絵日記

　印象に残った花火や景色をちぎり絵や貼り絵を工夫して絵日記に表す。

・花の実や汁でかいた絵日記

・俳句を添えた絵日記

◆留意点

　長期にわたって家庭で過ごす夏休みは，子どもたちにとって楽しい毎日である。しかし，日頃体験できない旅行などは別として，生活の中の感動が薄れがちになるときでもある。そこで，保護者にお願いして，育てている花が咲いたときやめずらしいものに出会ったときなどに，「絵日記にかいてみよう」と声かけをしてもらう。保護者の一言が，子どもたちの感性を育む夏休みでありたい。

8月●おもいっきり自然に親しもう

《わたしの旅日記》

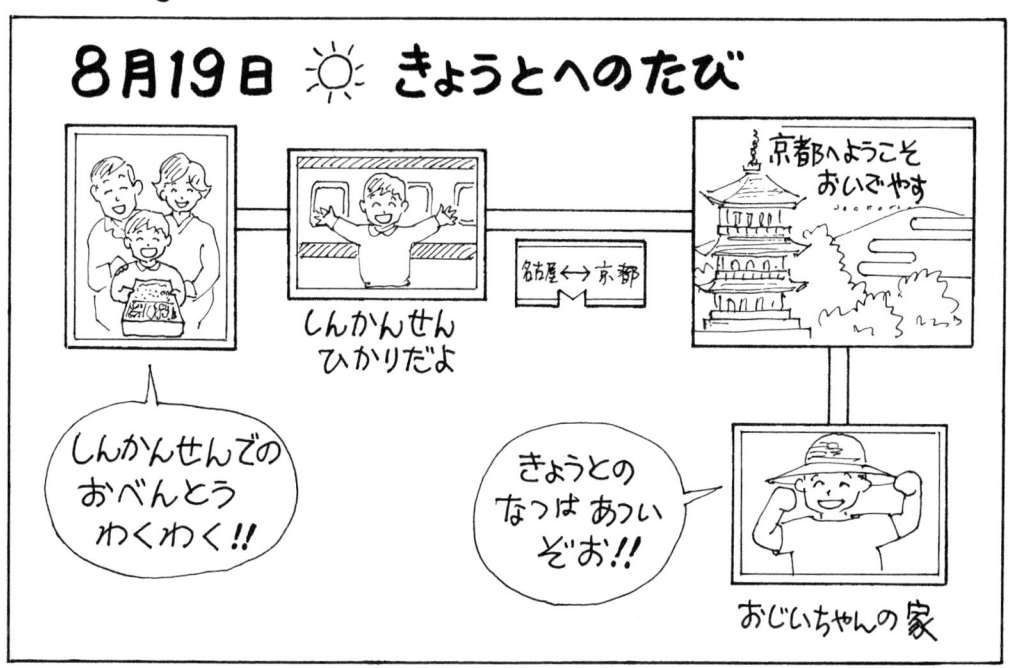

8月19日 ☀ きょうとへのたび

しんかんせん
ひかりだよ

名古屋⇔京都

しんかんせんでの
おべんとう
わくわく!!

きょうとの
なつは あつい
ぞお!!

おじいちゃんの家

（赤堀照代）

8月　2 わたしのえらんだ1冊の本

◆この活動のねらい

　1学期や，夏休み中に読んだ本の中から友だちに紹介したい本をえらび，感想や，印象に残ったところを絵手紙や手紙で知らせる。休み明けにそれらをもち寄って感想交流をすることによって，読書への関心を高める。

◆活動を進めるためのポイント

１　絵手紙で紹介
- 筆（線や字のかけるもの），絵の具，はがきを用意する。
- 筆の一番上を指だけで軽くもち，かきたいものを文字のスペースを残して，線ではがきいっぱいにかく。絵ははみ出してもよい。絵の具をうすくといて色をつける。
- 文字は印象に残ったものをかんたんな言葉で表す。
　　（例）『エルマーの冒険』を読んで⇒「エルマーってあたまがいいよ！」

２　「自分でつくる往復手紙」で紹介
- ロールペーパーを使って
　ロールペーパーにマジックで本を読んだ印象を文字や絵で表す。返事のスペースをつくり，返事をもらう。
- 自作「往復はがき」を使って
　さまざまな紙（和紙，千代紙など）をうまく工夫して往復はがきをつくる。

３　手紙の展示会
- 教室や廊下のコーナーを活用する。
- ただ展示するのではなく，読んだ本をもち寄ったりして感想を話し合う機会としたい。（2学期の保護者会を活用するのもよい）

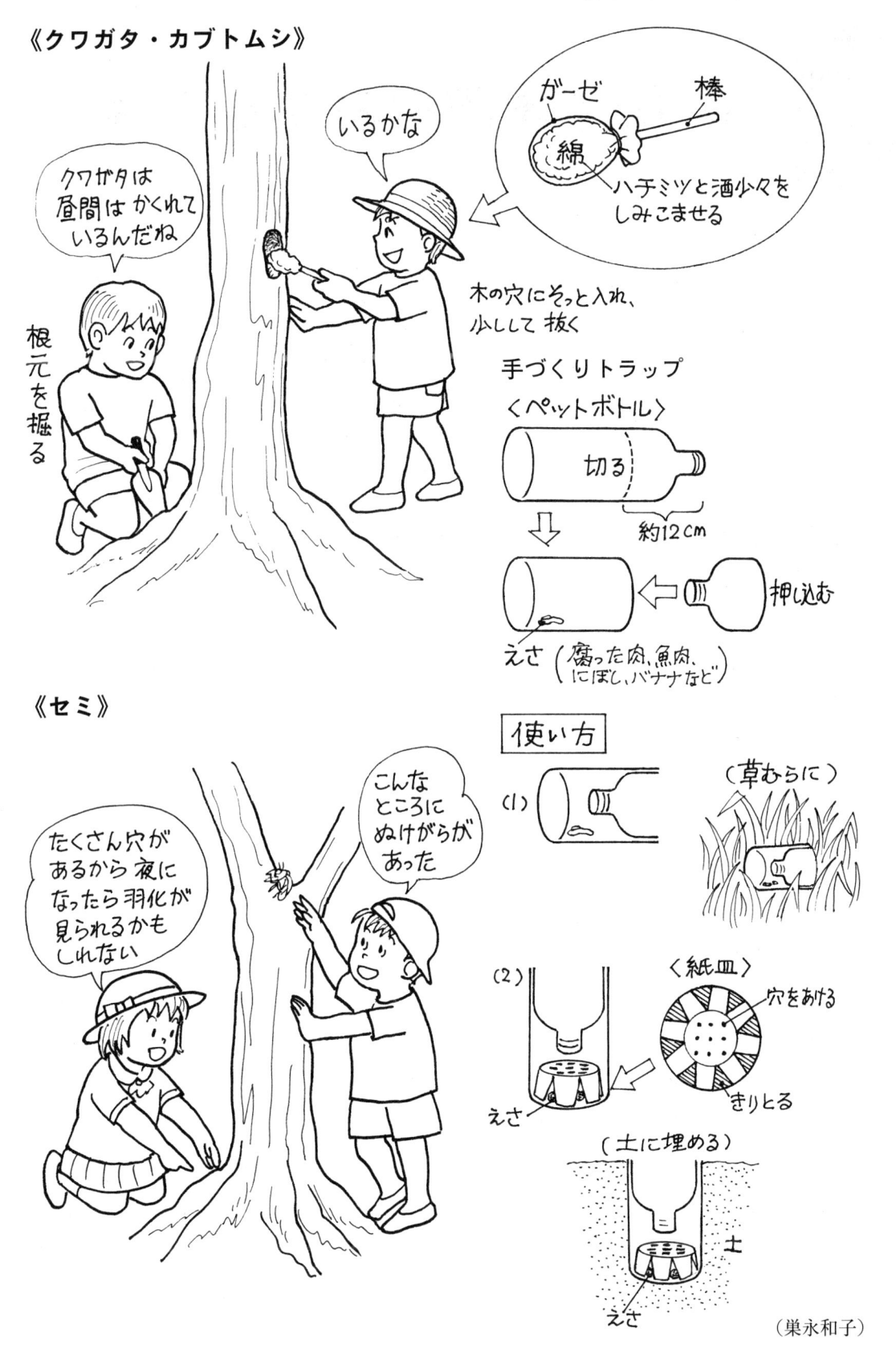

8月●おもいっきり自然に親しもう

《クワガタ・カブトムシ》

クワガタは昼間はかくれているんだね

いるかな

根元を掘る

ガーゼ　棒
綿
ハチミツと酒少々をしみこませる

木の穴にそっと入れ、少しして抜く

手づくりトラップ
〈ペットボトル〉

切る
約12cm

押し込む

えさ（腐った肉、魚肉、にぼし、バナナなど）

《セミ》

たくさん穴があるから夜になったら羽化が見られるかもしれない

こんなところにぬけがらがあった

使い方

(1)

（草むらに）

(2)

〈紙皿〉
穴をあける
きりとる

えさ

（土に埋める）

土
えさ

（巣永和子）

8月　4 緑の木陰のお楽しみ会

◇**この活動のねらい**

　友だちをよんで公園や校庭で気軽にでき，異年齢で楽しめる少人数でのお楽しみ会の企画。地域での交流を楽しみ，地域活動への参加の意欲を高める。

◇**活動を進めるためのポイント**

　1　用意するもの
- 魚つりセット（じしゃくつきつりざお，クリップつき魚），ビンゴゲーム，宝さがし用カード，手づくり賞状。

　2　遊び方
- 魚は画用紙でつくり，裏に点数をかく。クリップをつける。
- ビンゴゲームは，4×4ますの紙を用意しておく。各自が1〜20のすきな数字をかきこんで実施する。ゲームのリーダーが数字をかいたくじを引き，発表する。たてでもよこでもななめでも，4つそろったら勝ち。
- 宝さがしゲームは，厚紙でつくったカードをあらかじめ1人につき2枚隠しておき，制限時間内に何枚みつけられるかを競う。
- ゲームを増やすならジャンケンのゲームがかんたん。ジャンケン列車（負けた人が勝った人の後ろについていく）や集団ジャンケン（グループ全員で同じものを出してジャンケン。1人でもちがうものを出したら負け）をやろう。
- 総合得点が高い人が優勝。最後に賞状をわたす。

◇**留意点**

　1人ずつゲームに参加する形もとれるが，2人組，3人組といったグループをつくり，グループ対抗にしても楽しい。

8月●おもいっきり自然に親しもう

《魚つり》

〈うら〉 10てん

《ビンゴゲーム》

1	17	18	6
11	⑨	3	12
②	4	⑬	16
10	14	15	⑳

自分で数字をえらんでかく。

《宝さがし》

みつけた

宝さがしのカードに点数をつけてもよい。

《ジャンケン列車》

ジャンケンポン

勝った。後ろにつながって

・負けたら後ろにつく。
・相手をみつけて、どんどんジャンケンしよう。

・最後まで残るのは誰？

（長谷川安佐子）

8月のアイデア

色水をつくって遊ぼう

◆この活動のねらい

　夏休みは子どもたちにとってさまざまな活動ができるよい機会である。夏の校庭や野原に育った植物の花や実・葉の汁を使っていろいろな遊びを工夫することにより，植物の特徴をつかみ，自然にふれる楽しさを味わわせる。

◆活動の内容

色水づくり
- 指でもむ
- おろし金ですってガーゼでしぼる
- たくさんつくるとき，つぶして水でうすめる
- ビニール袋にいれてしぼる
- なべにいれて水と煮る（タマネギ）

色染め
- うすい和紙をおってたこ糸で強くしばる
- 色水につける
- ひらく

ジュースづくり（飲めません）
「混ぜたら○○の色になるのかな」

あぶりだし（みかん・レモン）

お絵かき
- 汁を筆につけ絵をかく
- 直接紙につけてかく（プリンカップ）

☆使ってみたい花・葉・実

- アサガオ
- ホウセンカ
- ヨウシュヤマゴボウ
- オシロイバナ
- マリーゴールド
- ツユクサ

（塚田庸子）

9月

楽しい学びへの喜びをみんなで共有

2学期へのスタート，みんなで学ぶ楽しさを分かち合いながらグループ意識を育てる。

1　おじいさん，おばあさんといっしょフェア

☆お年寄りにいろいろな遊びを教えてもらい，いっしょに楽しい食事の会を。

2　フラワー集会

☆校庭の秋の花を観察し，長く保存する方法を学び，すてきなしおりや小物づくり。

しおりづくり
ラックづくり

3　チャレンジ集会

☆身近な遊具を使って苦手な子ともいっしょにできるスポーツイベント。

4　遊びラリー

☆みんなで知っている遊びを出し合って，遊びの種類を広げ，楽しさを広げる。

◆席がえの工夫

☆席がえを工夫することで，さまざまなグループづくり，集団づくりを考える。

9月 1 おじいさん，おばあさんといっしょフェア

◆**この活動のねらい**

お年寄りに昔の遊びを教えてもらったり，いっしょに食事をしたりして，ふれ合いを十分に楽しむ。

◆**活動を進めるためのポイント**

1 準 備
- 地域の老人会などに趣旨を説明し，協力をお願いする。
- 話し合いの中からでてきた昔の遊び道具をそろえる。
- 学校の給食担当と連携して必要な手続きをし，準備を進める。
- 来てくださる方に，昔の遊びを教えてほしいことや，いっしょに給食を食べながら子どものころの話を聞けることを楽しみにしていることなどについて，子どもたちと手紙をかき，招待状として届ける。

2 フェア
- お迎えセレモニーをする。
- お年寄りに昔遊びのコーナーを担当してもらい，子どもたちが各コーナーをまわって教えてもらう。
- いっしょに給食を食べながら遊びや日常生活について聞いたり話したりする。
- 子どもの手づくりの品物や歌，言葉のプレゼントをし，お別れセレモニーをする。

◆**留意点**
- 地域の団体や諸機関との手続きをふみ，連絡をとる。プログラムに無理がないか吟味する。
- 給食をいっしょに食べるなど，費用や手続きが必要なことがあるので，学校でも共通理解を十分にしておく。

9月●楽しい学びへの喜びをみんなで共有

《昔の遊びコーナー》

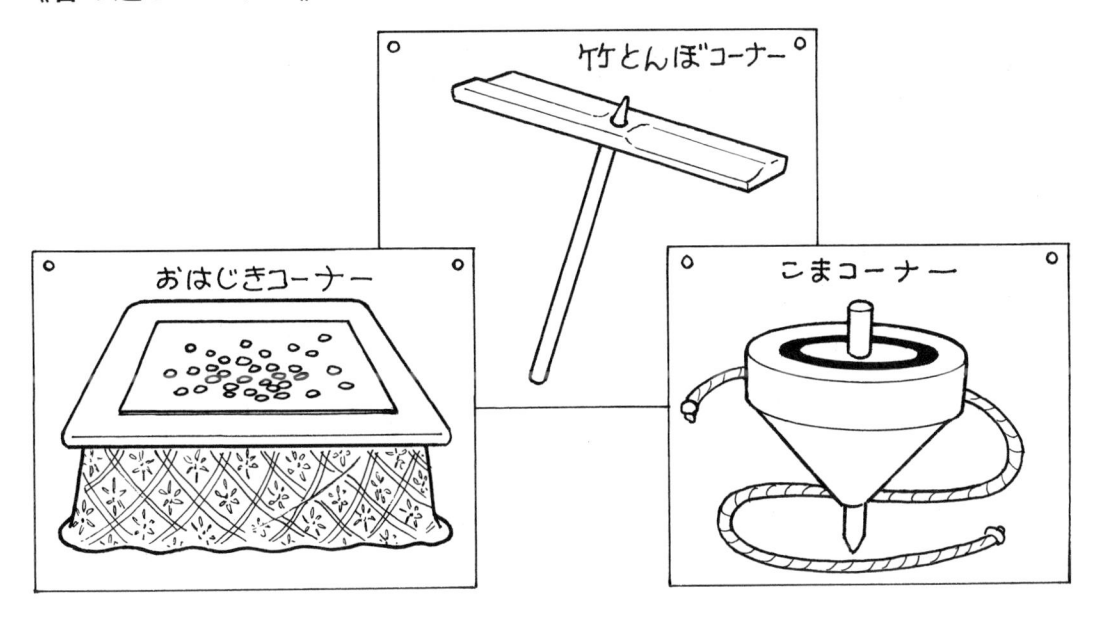

竹とんぼコーナー

おはじきコーナー

こまコーナー

・遊びのコーナーをつくり，お年寄りに教えてもらう。

《いっしょに給食を》

わたしの小さいころはね、給食はなかったよ

ええっ‼何を食べていたの？

各班での語らい
・自然にでてくる
　会話を大切に‼

（齋藤邦子）

9月　2 フラワー集会

◆**この活動のねらい**

　校庭の秋の花を観察し，長く保存する方法を学び，楽しいしおりづくりや小物づくりをする。

◆**活動を進めるためのポイント**

1　用意するもの

- 秋を十分に楽しみながら採集した草花。
- 押し花……段ボール，乾燥剤，ビニールぶくろ，ティッシュペーパー，輪ゴム，アイロン。
- しおり……画用紙，ラミネートシート，リボン，パウチッコ（ラミネートシートを使って，植物や紙などをコーティングする器具）。
- かんたんラック……牛乳パック，接着剤。

2　押し花アートづくり

①学校や地域をまわり，秋の花をみつけたり採集したりする活動を通して，秋を感じる心を十分に耕しておく。

②かんたんにできる段ボールを活用した押し花づくりに挑戦する。

③しおりづくりやかんたんラックづくりに挑戦する。

④展示会をする。

⑤みんなの作品について感想交流をする。

◆**留　意　点**

- 学習に参加していただき子どもたちへアドバイスしてくださるボランティアを募集して，子どもたち一人ひとりのニーズに合わせた援助をしていくようにする。
- 段ボールを集める，牛乳パックを集めるなど家庭の協力が必要なので，学年だよりや学級だよりでしっかり伝えるようにする。

9月●楽しい学びへの喜びをみんなで共有

《押し花のつくり方》

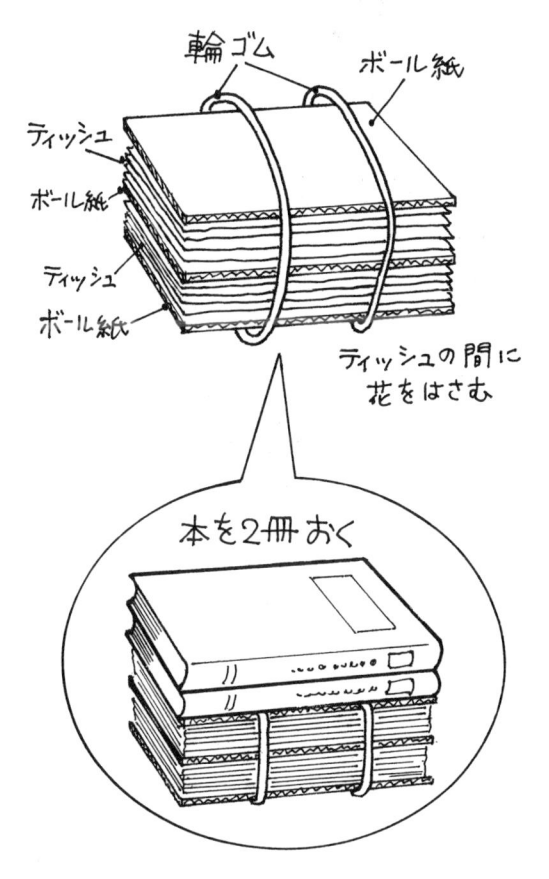

・本をのせて
  - 輪ゴム
  - ボール紙
  - ティッシュ
  - ボール紙
  - ティッシュ
  - ボール紙
  - ティッシュの間に花をはさむ
  - 本を2冊おく

・アイロンの活用
  ※アイロン台の上にうす紙をのせて花を並べ、その上にうす紙をかぶせて中温でアイロンをかける。

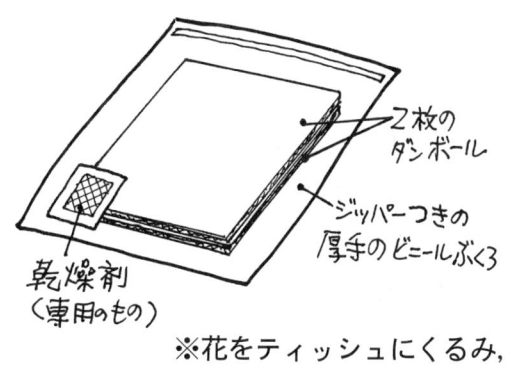

・ビニール袋と乾燥剤の活用
  - 2枚のダンボール
  - ジッパーつきの厚手のビニールぶくろ
  - 乾燥剤（専用のもの）
  ※花をティッシュにくるみ、2枚のボール紙ではさんで袋にいれる。

《作品集》

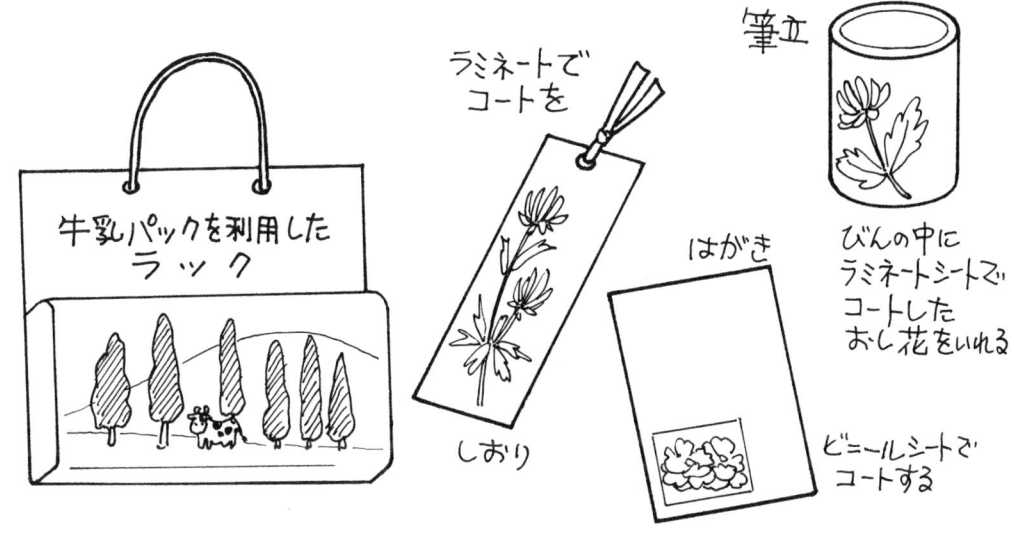

牛乳パックを利用したラック

ラミネートでコートを
しおり

はがき
ビニールシートでコートする

筆立
びんの中にラミネートシートでコートしたおし花をいれる

（齋藤邦子）

9月　3 チャレンジ集会

◆**この活動のねらい**

　ふだん遊んでいる遊具を使って，運動が苦手な子も進んで参加できるスポーツイベントを楽しむ。

◆**活動を進めるためのポイント**

　1　用意するもの

・手ぬぐい。（またはうすでのタオル）
・すず。（またはタンバリン。コースごとにひもの長さを変え登り棒にぶら下げる）

　2　活動の仕方

・ブランコリレー

　ブランコの数に合わせてグループを分ける。1人が5〜10回ずつブランコをこぎ，次の人とタッチする。タッチは柵の外で行う。

・コース別リンリン競争

　自分の力に合った登り棒（すずの位置）を自分できめて競争する。すずを鳴らしてもとの位置まで戻ればゴール。

・くるりんリレー

　自分に合った高さの鉄棒をえらび，すきなまわり方（越え方）でまわって（越えて）戻ってくる。

・お山の郵便屋さん

　ジャングルジムのてっぺんに手ぬぐいを結んでスタート地点に戻ってくる。次の子はその手ぬぐいをとって戻ってくる。

◆**留　意　点**

　スポーツ系のイベントは，気分が高まると注意を忘れる子がでやすいので，安全には十分に気をつけ，約束を確実に守らせる。

9月 ●楽しい学びへの喜びをみんなで共有

《チャレンジ集会》
・ブランコリレー

「とびおりたらルール違反になっちゃうよ」

「大きな声で数を数えてあげよう」

・コース別リンリン競争

のぼり棒にすずをぶら下げる

「ぼくは得意だから、一番上にしよう」

「わたしは一番下のがいいな」

・お山の郵便屋さん

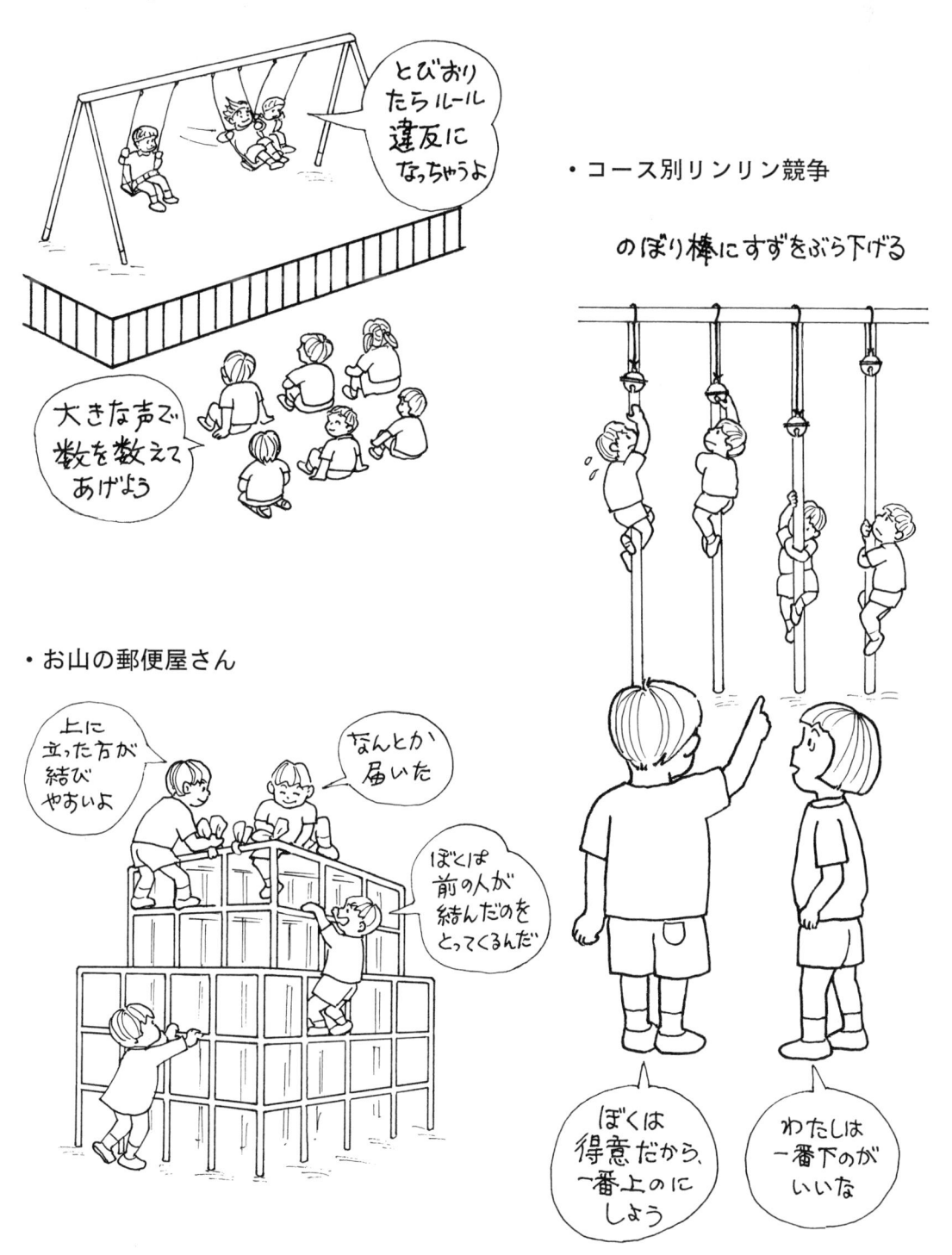

「上に立った方が結びやすいよ」

「なんとか届いた」

「ぼくは前の人が結んだのをとってくるんだ」

(巣永和子)

9月 4 遊びラリー

◆**この活動のねらい**

　1学期からいままでの間で楽しかった遊びを出し合い，遊びの種類を広げたり工夫して遊んだりする中で，さまざまな遊びの楽しさを味わう。

◆**活動を進めるためのポイント**

　1　用意するもの
- スタンプカード（中味は自分でかく），スタンプ（遊びの種類と同数）。

　2　遊びラリーの準備

①楽しかった遊びを発表する。

　だるまさんがころんだ，どろけい，たかおに，はないちもんめ，ごろごろどかん，なわとび，タイヤとび，登り棒，鉄棒など。

②友だちといっしょに遊びたい遊びをえらぶ。

③それぞれの遊びごとに担当をきめ，遊び方を工夫してルール板（説明板）をつくる。

④まわる順番をきめて，自分のスタンプカードをつくる。

　3　遊びラリーの活動

①代表がドンジャンケンをして，勝ったグループからスタートする。

②ルール板にある約束を守って遊び，カードにスタンプを集める。

◆**留意点**

- 子どもが考えたルールが危険でないかを確認してからルール板にかかせる。
- 子どもがぶつかり合わないよう，遊ぶ場所が重なっていないかを確認する。
- 1つの遊びに集中しているときは，空いているところからまわるように声をかける。

9月●楽しい学びへの喜びをみんなで共有

《遊びラリーを楽しもう》

スタート ・ドンジャンケン

校庭に線をかいて代表者が対戦する。

・はないちもんめ

・たかおに

ルール板

たのしくあそぼう
たかおにのルール
・おにをひとりきめます。
・たかいところに
　のったらセーフです。
・20かぞえてもおりなかったらおにになります。
・5ふんたったらおわりです。

スタンプカード

・なわとび

たのしくあそんで
スタンプをあつめよう
| はないちもんめ | たかおに |
| なわとび | タイヤとび |

・タイヤとび

（赤堀照代）

9月のアイデア 席がえの工夫

◆この活動のねらい

席がえによってできる新しいグループは，生活の基礎的集団になり，身近な仲間になっていく。また，子どもたちの自主性を育てる場にもなる。目的に応じた班構成を工夫して充実した集団の基礎づくりをし，協力してとりくむよさを感じとらせていきたい。

◆席がえ…班づくりの進め方

①目的をもって班づくりを

班構成は，ねらいや活動の内容など，学級経営上の考えをもってするものであり，すきな子同士やくじ引きで，というようなつくり方はしない。

②班の結束と団結を深める雰囲気づくりを

- 今日は自分の班のキャッチフレーズをつくろう
- 大きな声でファイトいっぱい!!
- ガッツポーズにしよう!!

③学級通信を活用して，保護者にも班活動の大切さと子どもたちのよさを知らせる

新しい班!!
互いにみがきあって自分たちの班のいいところをいえる班にしていきます。

小林	田中
鈴木	佐藤

岡田	木村
中井	山本

◆留意点

班活動を大切に育てていくために常に活動のよさをみつけ，広げていくようにする。

（塚田庸子）

10月

からだづくりへのチャレンジを

からだづくりの秋,みんなで体験しながら強いからだと心をつくるアイデアとは。

1 校内オリエンテーリング

☆校庭マップをつくってみんなでオリエンテーリングを楽しむ。

2 ペープサートで楽しもう

☆ペープサートのつくり方,そして演じ方を工夫して楽しい仲間づくりを。

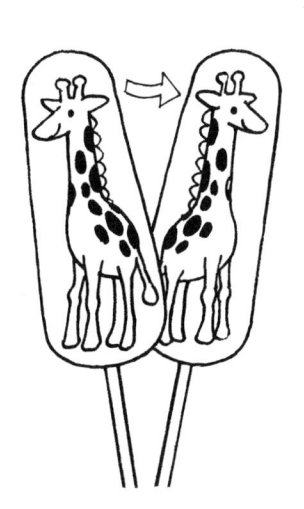

3 学年オリンピック

☆身近な道具を工夫してオリジナルな「学年オリンピック」。集いの楽しさの中に体力増進を!

4 収穫祭を楽しもう

☆生活科や学級活動で育てた野菜や花を素材に,さあ,収穫祭を。豊かな感性が花開く。

◆子どもを集中させる工夫

☆授業のはじまりや学級活動の場で,効果的に子どもを集中させる工夫。

10月　1 校内オリエンテーリング

◆**この活動のねらい**

　1・2年合同でグループを組み，オリエンテーリングを楽しみ，グループで活動することの意義や楽しさを十分に味わう。

◆**活動を進めるためのポイント**

　1　用意するもの
- 校内マップ，チェックポイント，問題看板，問題，解答用紙，賞状。

　2　1・2年の交流を
- 生活科やその他の学習で日頃から交流をもっておくようにし，1・2年の異学年交流でのオリエンテーリングを計画する。
- 問題は，1年生がわかる「1年生問題」や2年生だけがわかる「2年生問題」などを用意し，みんなが活躍できるよう配慮する。

　3　校内オリエンテーリング
- 出発式をする。
- オリエンテーリングを楽しむ。
- チェックポイントは12くらい用意する。
- 各チェックポイントでクイズをしたり自然とふれ合ったり，俳句をつくったり，さまざまな問題を解いていく。
- ふりかえりをする。
- 解答の採点をし，友だちの行動のよさなどを発表する。
- 教師は分担場所でみつけた子どもたちのよかったところを伝える。

◆**留　意　点**

　校内に危険な場所や器具がないか，安全に留意する。

10月●からだづくりへのチャレンジを

《校庭マップ》

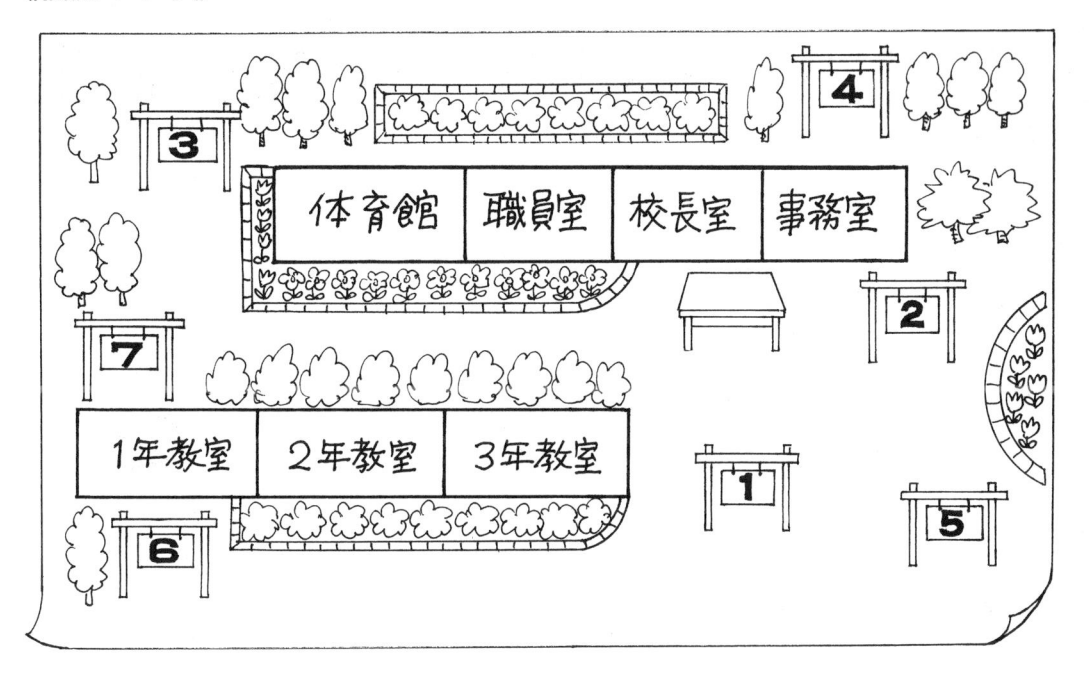

《仲よく問題に挑戦》

ここでは校歌をうたうのよ。声を合わせてね

《ふりかえりを》

においのする葉っぱをみつけてみんなに教えていた〇さん!! たのしかったよ。みんなの「ありがとう」もよかったね

においのする葉っぱがたくさんあってびっくりしたね

(齋藤邦子)

10月　2 ペープサートで楽しもう

◆**この活動のねらい**

　身近な問題を題材にお話をつくり，ペープサートをつくる。それを演じることによって，問題に対するよりよい解決方法を考えたり，話し合ったりする。

◆**活動を進めるためのポイント**

　1　用意するもの
・画用紙，割りばし，のり，セロハンテープ，折り紙。

　2　ペープサートをつくる
①どんなペープサートをつくりたいか考える。
②材料を用意し，表情や洋服などを工夫してペープサートをつくる。

　3　お話をつくる
①困っていることを出し合う。（ペープサートに問いかける）
　「どうしたの？　困っているの？」「わたし，だいじな本をなくしちゃったの。」
　「どうして泣いているの？」「ピョンタくんとけんかしちゃったの。」など。

　4　ペープサートで劇を演じる
　お話をもとに，グループごとに劇を練習して発表する。

◆**留 意 点**
・困っていることを出し合うとき，「○○くんが，わるぐちをいいます」など，個人名をあげて発言することがある。いいつけ合戦にならないように，注意する。
・教師は，グループごとの練習のようすを見ながら，励ましたり，アドバイスを与えたりする。子どものよいアイデアをほめていく。
・発表が終わった後，よかったところや自分の感想を話し合う。

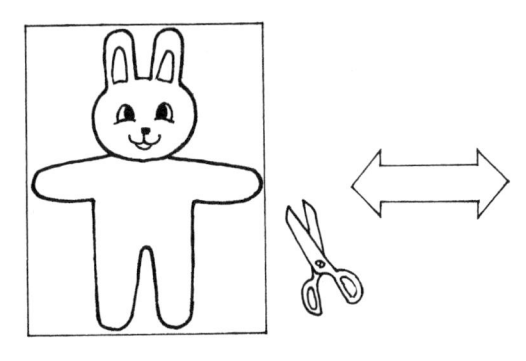

10月●からだづくりへのチャレンジを

《ペープサートをつくる》

- 画用紙に絵をかいて切りとる。
- 表と裏で表情を変える。
  （泣いている顔と笑っている顔など）
- 折り紙で洋服をつくる。
- 貼り合わせる。

《ペープサートを演じる》
- 3, 4人のグループをつくり，お話を考える。
- ペープサートの劇を練習する。
- お互いに発表し合う。
- しゃがまなくてもだいじょうぶ。立って演じる。大きな声で，はっきりとせりふをいうように。

ぼくから言ってあげるよ

ともだちがドッジボールにいれてくれないの

どうして泣いているの？

机をいくつか並べて，布をかける

（野口祐之）

10月　3 学年オリンピック

◆**この活動のねらい**

　自分たちでアイデアを出し合い，オリジナルの「オリンピック」をつくる。身近な道具を工夫して，競技を考える。楽しみながら，体力の増進をはかる。

◆**活動を進めるためのポイント**

　1　用意するもの
- マット，なわとび，平均台，フラフープ，ネット，ボール，ふろしき，布切れ，など。

　2　アイデアを出し合う

①開会式　・音楽をかけて入場行進　・選手宣誓
②競技　　・ゴム段で走り高とび　・マット運び競争　など
③閉会式　・表彰式（メダルの授与）　・校歌斉唱

　3　練習をする
- グループで力を合わせて行う競技は，何回か練習をしておく。どうすればうまくいくかを相談させると，「ワッショイワッショイとかけ声をかけよう」とか「コーナーは小まわりにまわろう」といった意見がでる。
- 用具の準備や後片づけも競技の一部だということを話し，テキパキと行動させる。

◆**留　意　点**
- オリンピックを盛り上げるための工夫をする。金，銀，銅メダルを用意するなど。
- ケガをしないように，入念に準備運動を行う。
- 用具の点検もしっかり行う。

10月●からだづくりへのチャレンジを

《ふろしきの砲丸投げ》

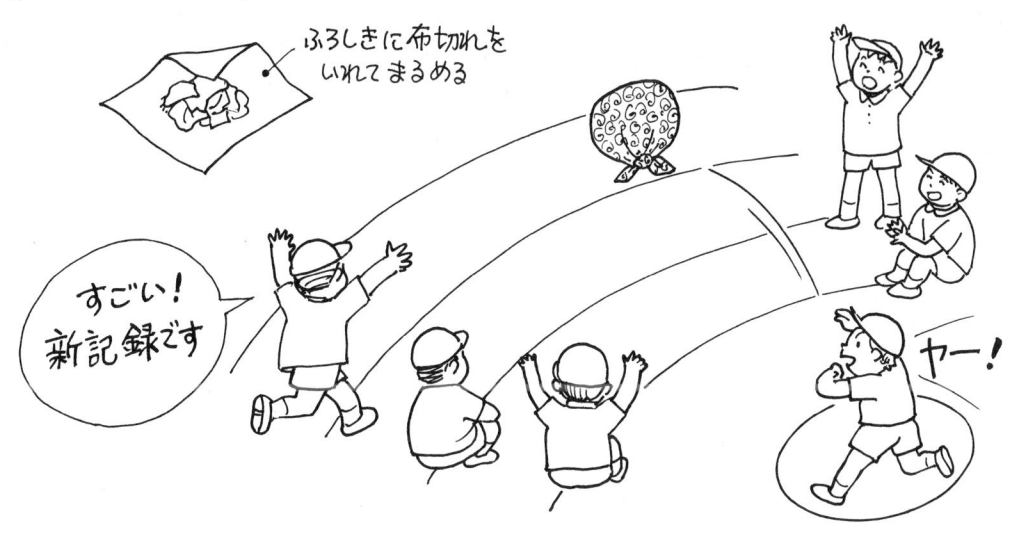

ふろしきに布切れをいれてまるめる

すごい！新記録です

ヤー！

《新体操 ― 集団演技 ―》

フラフープ

・審査員。（校長先生や主事さんにお願いする）

・音楽に合わせて，クラスごとにパフォーマンス。

《校庭トライアスロン》 ・3周〜5周する。

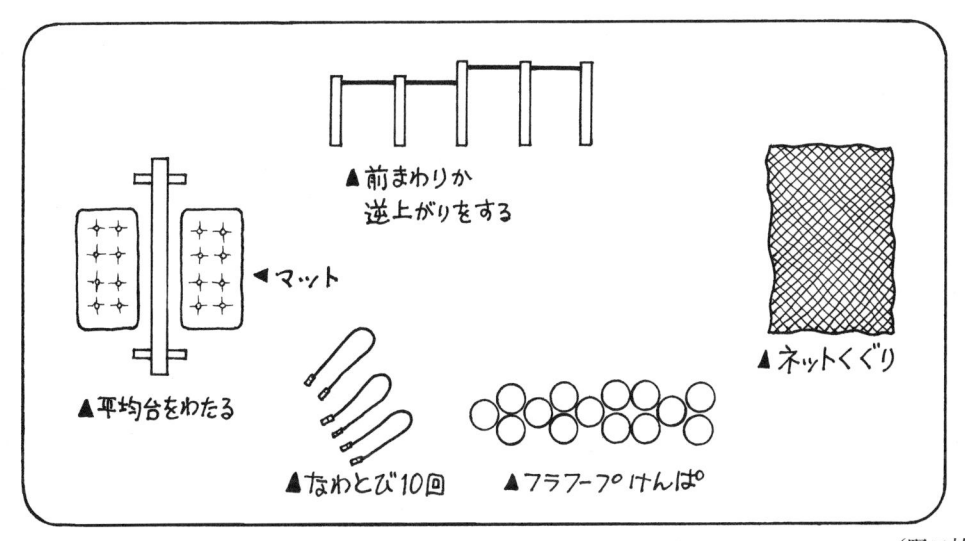

▲前まわりか逆上がりをする

◀マット

▲ネットくぐり

▲平均台をわたる

▲なわとび10回　▲フラフープけんぱ

（野口祐之）

10月　4 収穫祭を楽しもう

◆**この活動のねらい**

生活科や学級活動で育てた花が咲き，野菜が実る時期。自分たちが育てた花を飾ったり野菜を食べたりする活動を通して，収穫の喜びや栽培の満足感を感じ，感性を磨くとともに自然の豊かさを発見する。

◆**活動を進めるためのポイント**

☆おいもができるまでを劇にしよう

1　用意するもの
・おいもを育てた記録，画用紙，はさみ，ホチキス，輪ゴム，絵の具，など。

2　活動の仕方

①生活科でおいもを育てたとき，どんな場面があったかを思い出す。
②お話のあらすじをきめ，配役もきめる。
③役のかぶりものをつくり，お芝居の練習をする。
④収穫までの苦労と，収穫したときの喜びを劇で表す。

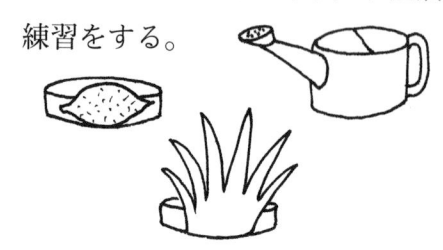

◆**留意点**

食べものや火を扱うので，衛生，安全には十分気をつける。つくって食べるだけでなく，収穫までの苦労や努力したことなどを話題にし，楽しい雰囲気の中で活動のふりかえりができるようにする。環境を大切に考える視点から，後片づけがきちんとできるように声かけをする。

10月●からだづくりへのチャレンジを

《枝豆蒸しパンをつくろう》

1 用意するもの
・枝豆，小麦粉，卵，牛乳，砂糖，バニラエッセンス，ベーキングパウダー。

2 つくり方

①枝豆をゆでる。

・多めのお湯。
・塩を加減して。

②さやから豆をとり出す。
うす皮はついたままでもよい。

③枝豆をつぶす。
（トッピング用につぶさない豆を残す）

・ビニール袋を二重にしてつぶしてもよい。

④混ぜ合わせる

⑤アルミカップに生地を7分目くらいいれる。（トッピング用に残しておいた枝豆をのせる）

⑥蒸し器にいれて強火で15分くらい蒸す。

⑦枝豆パーティーを開こう。（会食）

（巣永和子）

10月のアイデア　子どもを集中させる工夫

◆この活動のねらい

　授業のはじまりや活動をやめて話を聞く場などでなかなか集中できないときに，かんたんな方法で短時間に子どもを集中させる。

◆活動の内容

①まねっこ遊び

　教師がすることを子どもがまねることで教師に集中する。

・手をたたこう

　同じ動作を2回ずつ繰り返し，最後は1回でやめる。

　3回手をたたく　×2回　パンパンパン
　2回手をたたく　×2回　パンパン
　1回手をたたく　パン

・頭，かた，ひざ

　教師と子どもがかわりばんこにまねをして動作化し，最後に手を口にもっていく。

①あたま　②かた　③ひざ　さいごに だまって 口

②歌をうたおう

　授業開始のときに，子どものすきな曲をいっしょにうたう。

（塚田庸子）

11月

みんなで楽しい発表会を

ふだん学び合ってきた学習の成果を、保護者や地域の人にも発表、自分たちの進歩のようすをふりかえらせよう。

1 秋の教室飾りをつくろう

☆秋を感じる自然の木の実や葉っぱ、それらを工夫して豊かな飾りの教室環境ができ上がる。

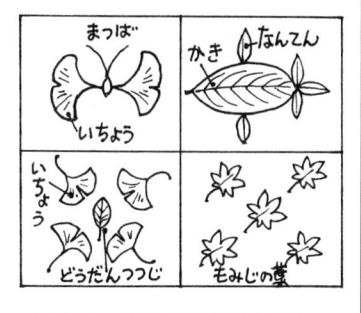

- まつば
- いちょう
- かき
- なんてん
- いちょう
- どうだんつつじ
- もみじの葉

2 秋のファッションショーをしよう

☆紅葉した木の葉を工夫して、かんむりや洋服をつくる。楽しいファッションショーのはじまり、はじまり。

〈女の子〉
- モミジの葉
- イチョウの葉

3 秋の句会

☆身近なことが俳句になる楽しさを味わう。保護者にも参加してもらい、いっしょに句会を！

4 英語でうたおう、おどろう

☆外国の人や友だちといっしょに英語でうたったりおどったりしながら英語の楽しさを肌で感じ合う。

◆ネイチャーゲームで自然を満喫

☆ネイチャーゲームのかんたんな方法を体得させる実践への工夫。

11月　1 秋の教室飾りをつくろう

◆ **この活動のねらい**

　秋を感じる木の実や葉っぱ，つたなどをもち帰り，工夫しながらリースやしおりなどをつくる。それを教室の中に飾り，教室を秋の香りでいっぱいにして楽しむ。

秋をさがしに

◆ **活動を進めるためのポイント**

　1　用意するもの
- 校庭や学校の近所でみつけたもの。（木の実，葉，さつまいものつるなど）
- リースをつくる準備。（グリューガン（接着を容易にする道具），リボン，たこ糸）
- しおりをつくる準備。（色画用紙，ラミネートフィルム，パウチッコ）

　2　リースづくり・しおりづくり
- リースづくり

　つたやさつまいものつるでリースの形をつくる。そして，自分たちがもち帰ったものを活用して，グリューガンでリースにつけていく。
- しおりづくり

　もち帰った葉っぱなどを台紙にのせ，まわりに装飾をし，ひとことメッセージと自分の名前を書きラミネートする。

　3　飾りつけの工夫
- 廊下や教室の掲示板を使い，子どもたちの作品を展示する。
- ドングリごまコーナーや草相撲コーナー，「おたより」交換コーナーなどを工夫する。
- 展示後も「おたより」交換をするなど交流を深めるようにする。

11月 ●みんなで楽しい発表会を

《リースづくり》

- サツマイモのつるのリース
- つたのリース
- やなぎの枝のリース

→ 木の実や木の葉で すてきな飾りを！

《しおりづくり》

- 紅葉した葉にアイロンをかける。
- 細長い色画用紙の上におく。
- ひとことメッセージと名前をかく。
- ラミネートでコーティングする。

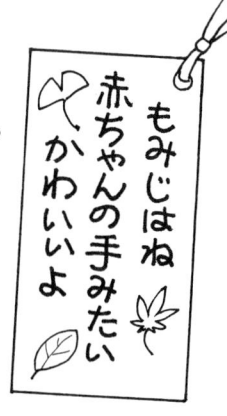

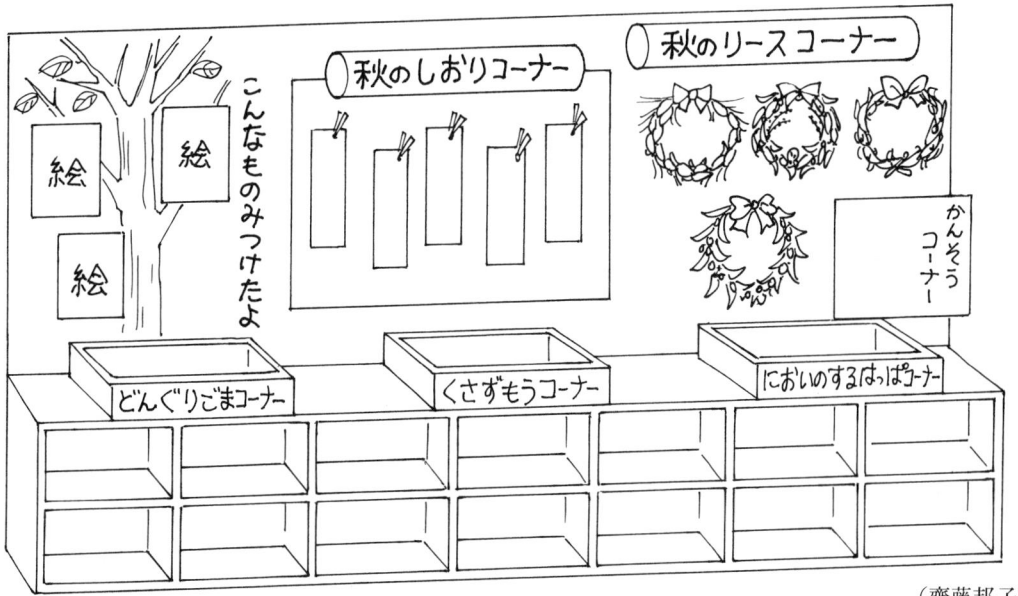

もみじはね 赤ちゃんの手みたい かわいいよ

秋のしおりコーナー　秋のリースコーナー

こんなものみつけたよ

絵　絵　絵

かんそうコーナー

どんぐりごまコーナー　くさずもうコーナー　においのするはっぱコーナー

（齋藤邦子）

81

11月 2 秋のファッションショーをしよう

◆**この活動のねらい**

紅葉した木の葉を使って秋のかんむりや洋服をつくり,子どもたちのさまざまなアイデアを生かしたファッションショーを楽しむ。

```
プログラム
1. みんなでうたを
2. ファッションづくり
3. ファッションショー
4. ベストファッション
5. おわりのことば
```

◆**活動を進めるためのポイント**

1　用意するもの
- 校庭や学校の近所でみつけたもの。(木の実,葉っぱ,つた)
- かんむりをつくる準備。(のり,セロハンテープ,画用紙,リボン)
- 洋服をつくる準備。(ビニール袋,のり,ボンド,セロハンテープ)

2　かんむりと洋服づくり
- 図工の時間を活用して,もち帰った葉っぱなどを貼りつけた秋らしいかんむりをつくる。
- 白いビニール袋を洋服の土台にし,その上に葉っぱなどを貼りつけ秋らしく飾りつけをする。

3　ファッションショー

①でき上がったかんむりや洋服でファッションショーをする。
- 司会者の紹介に続いて1人ずつ舞台に上がり,自分の工夫した点をいい,舞台までの通路をファッションモデルになりきって歩く。

②みんなで手をつなぎ輪になっておどる。

◆**留　意　点**
- 教科の活動と関連づけながら活動を進める。
- 係分担の仕方や舞台づくり(教壇を3つつなげる)などを工夫して,楽しく活動できるようにする。

11月●みんなで楽しい発表会を

《かんむりづくり》　　　　　《洋服づくり》

「いろんな形の木の実があるんだね」

すすき
いろいろな木の葉

「つたは着てからまきつけた方がいいね」

《ファッションショー》

「ぼくは「カラフル秋」をつくりました」

「次は○○さんの登場です。みなさん はく手でお迎えください」

パチパチ　パチ　パチ

（齋藤邦子）

11月　3 秋の句会

◇**この活動のねらい**

　身近なことが俳句になる楽しさを味わう。保護者に参加してもらい，いっしょに句会を楽しむ。

◇**活動を進めるためのポイント**

　1　句会を開くまでに
- 全員が1人3句ずつ短冊に句をかいておく。名前はかかない。
- 保護者に趣旨とやり方をかいたたよりを出しておく。保護者にも自分の俳句（1句）をかいてもってきてもらう。
- 子どもたちを1グループ6人ぐらいに分けておく。1グループに1人保護者の責任者をきめておく。その他の保護者は当日先着順にグループ分けする。

　2　句会の進め方
- グループごとに短冊を出し合って掲示する。保護者の分は各自でもってきてもらう。
- 掲示した俳句を読んで，自分のすきな句を5句かきとる。（子どもは必ず自分の句を1句いれることを約束する。）
- ひと通り終わったら各グループでえらんだ俳句を紹介し合い，作者は名前を名のる。
- 保護者の俳句を紹介してもらい，感想交流をする。
- まとめとして全体で感想交流をする。

◇**留意点**

　学年担当の先生や級外の先生などと協力してグループにきめ細かい指導ができるようにする。保護者にくわしい進行の仕方を説明しておくようにする。

11月●みんなで楽しい発表会を

《すきな句えらび》

「これいいなあ」

「うーん、この句は大人にないすなおな表現でいいなあ」

・班の人の句をかべに貼っておく。

《句会》

「○○さんからえらんだ句を紹介してね」

「ぼくは_____をえらびました。秋の色がうかんだからです」

《ふりかえり》

「わたしは「_____」の句のこんなところがすてきだと_____」

・話題にのぼらなかった句の中からえらび、そのよさを紹介するようにする。

（齋藤邦子）

11月　4　英語でうたおう，おどろう

◆**この活動のねらい**

外国の人や友だちといっしょに英語でうたったり，おどったりしながら，基本的な英語を楽しく覚えることができる。

◆**活動を進めるためのポイント**

子どもたちの発達段階を考えて，楽しくうたったりおどったりすることを中心に，英語で活動する楽しさを味わい，英語に興味をもたせていく。英語活動に積極的にとりくむための導入活動であり，高学年になっても活動の導入に使いたいものである。

1　目と耳を使って楽しむ

- 「HEAD AND SHOULDERS」

軽快な曲であり，よくうたわれる。からだの部位を表す歌詞を指しながら，動作化して楽しくうたう。曲をだんだん速くしたり遅くしたりして楽しむ。

入場したり，会を進めたりするときに効果的に使える。

　　　「HEAD AND SHOULDERS」

　　Head, shoulders, knees and toes, knees and toes（繰り返し）

　　Eyes and ears and mouth and nose

　　Head, shoulders, knees and toes, knees and toes

- 「ROW, ROW, ROW YOUR BOAT」

この歌は，日本では「こげこげボート」の題名で親しまれている歌である。ＡＬＴ（またはネイティブ）の先生の発音をまねて，楽しくうたったり，言葉の意味を考えて，歌に合わせてジェスチャー遊びをして楽しむ。

　　Row, row, row your boat　　Gently down the stream

　　Merrily merrily merrily merrily　　Life is but a dream

11月●みんなで楽しい発表会を

《歌に合わせてからだを動かそう》
- 「HEAD AND SHOULDERS」
  うたいながらからだの名前を覚えよう。

  Head!
  Knees!

  覚えたら，音楽をだんだん速くしてみよう。

- 「ROW, ROW, ROW YOUR BOAT」
  先生の発音をまねして英語でうたおう。

  Row, row, row your boat

  merrilyは楽しいよ!!
  よしボートをこぐぞ!!
  これわかる

  歌の意味を聞いて，ジェスチャーをしながらうたおう。

（塚田庸子）

11月のアイデア ネイチャーゲームで自然を満喫

◆ **この活動のねらい**

さまざまな自然にふれ合う体験を通して，自然のすばらしさに感動する気持ちを共有する。またふだん気づかなかった自然を発見した喜びを分かち合う。

◆ **ネイチャーゲームを通して**

①落ち葉になって

- 1人が落ち葉の上に横になる。もう1人は落ち葉をかけてあげる。（2人1組，顔にはかけない）
- 5分間そのままの姿勢で目や耳を働かせていろいろな感じ方を体験させる。
- 5分たったら交代。最後に感じたことを絵や言葉にして話し合う。

②自然探しラリー

- 音をさがそう，色をさがそうなど五感を使うテーマで範囲をきめた中を歩き，カードにみつけたことをかいて発表し合う。

◆ **留 意 点**

①の活動は，落ち葉のたくさんあるところや服が汚れないような場所をえらぶ。小さな発見でも大事にする姿勢を大切にしていく。

（塚田庸子）

12月

からだで伝え合う表現活動

伝え合い，感じ合う
楽しい身体表現活動を
仲間とともに！

1 模倣遊び

☆からだをときほぐし，相手とともに表現し合う楽しさを味わわせる。

2 イメージを広げて遊ぼう

☆シーツやランドセルなど，身近なものを使って，見立てて遊ぶ。イメージを駆使した想像遊び！

3 対話遊びをしよう

☆電話ごっこの発展遊び。相手を想像し，いろいろな会話を組み立てる。

4 劇遊びをしよう

☆お話や絵本をみんなで劇にしてみる。道具の見立てや工夫など保護者をまじえて劇遊び！

◆人とのかかわりを話し合って

☆子どもの人間関係の危機場面をロールプレイで再現。みんなの感想をもとに進める話し合い。

12月　1 模倣遊び

◇**この活動のねらい**

　曲に合わせて動いたり，友だちのまねっこをしたり，ジェスチャーをしたりして，からだを使って表現する。からだをときほぐし，相手といっしょに表現する楽しさを味わう。

◇**活動を進めるためのポイント**

　1　用意するもの
- テープやＣＤ，効果音を出す道具，動物や虫のビデオ。

　2　進め方
- リーダーになった友だちのまねをして，動いてみる。最初はいろいろな歩き方をするところから始める。途中でリーダーを交代しよう。
- 動物や虫のまねをして歩いてみる。ビデオで動きをよく観察したり，本で調べてからやってみるのもよい。
- おもちゃ，植物の成長するようすなど，動きのおもしろいものをまねしてみる。
- 鳴き声や音を口でいれながら動くのも楽しい。
- テープやＣＤの行進曲や動きやすい曲をかけて，曲に合わせて動いてみよう。

　3　まねするとおもしろい動物やもの
- ぞう，かめ，ねずみ，かえる，ひよこ，ペンギン，しゃくとり虫。
- 花火，おもち，ふうせん，ロボット，忍者。

◇**留　意　点**
- 音楽だけでなく，効果音を聞いて動くのもおもしろい。
- １人でやるものができたら，グループで動いてみる。相談してから動いてみる。動いてからまた，相談してさらに工夫してみる。

12月●からだで伝え合う表現活動

《リーダーのまねをして歩く》

《本やビデオや実物で動きを観察する》

さいしょは小さい

だんだんふくらむ

こんなかんじかな

ふくらんでパァッと

《曲や効果音で動く》

行進曲　　　かみなりだ　　　雨が降ってきた　　　びしょぬれだ

（長谷川安佐子）

12月　2 イメージを広げて遊ぼう

◆**この活動のねらい**

　シーツやランドセル，ぼうしなどの身近なものを使って，何か他のものに見立てて遊ぶ。友だちと役や状況をきめて場面を表現してみる。その活動自体が友だちとのコミュニケーションの学習になる。

◆**活動を進めるためのポイント**

　1　用意するもの
- シーツ，新聞紙，ビニール袋，ダンボール，身近なもの。（ランドセル，ぼうし，体操服，ノート，なわとび，上履き，黒板消し，椅子など）

　2　活動の進め方
- 教師が見本をやってみる。（ダンボールを鏡に見立てて，髪をとかすまねなど）
- 各グループで1つずつ見立てられるものを考えてジェスチャーで発表。
- 同じものを別のものに見立てられないか相談する。
- 見立てたものがある場面を考える。
- 全員が何か（人や動物）になって参加するよう，配役を決める。
- 木の役やドアの役もおもしろい。どの子も役に合わせた一言をいうようにする。

　3　発　展
- 絵本やお話の一場面を役をきめてやってみる。教室にあるものを見立てて小道具や大道具にする。

◆**留意点**
- 一度にたくさんのものを使うのではなく，「今日は新聞紙」など素材は1つにしぼった方がおもしろい。同じ素材で，各グループが考えることで，アイデアがさらにわいてきて楽しくなる。
- ペットボトルやラップのしんなど，使えそうなものを集めておく。

12月●からだで伝え合う表現活動

《ダンボールが何に見える？》

まだ島が
見えないぞ。
助けて！

ふね

ふとん

いい湯だなあ

おふろ

ロボット

何に
見えますか

あした
晴れだって

天気予報を
見よう

テレビ

（長谷川安佐子）

12月　3 対話遊びをしよう

◆**この活動のねらい**

　電話ごっこをする。お客とそばやなど実際にある組み合わせだけでなく，物語の主人公にインタビューしてみたり，えんぴつと黒板消しの会話などいろいろな設定に変え，想像して対話を楽しむ。

◆**活動を進めるためのポイント**

　1　用意するもの
- 電話の代わりになるもの（ふで箱など），組み合わせや設定をかいたカード。

　2　組み合わせ，設定の例
- 遅刻のいいわけに電話をしている子。
- シンデレラへのテレビ局のインタビュー。
- クレヨンと絵の具。
- 犬とねこ。
- 寝ているところを起こされて眠いおとうさん。

　3　やり方
- カードを何枚か用意しておき，それをくじのように引かせたり，子どもに選択させたりする。
- 隣同士でやったら，交代して別の人ともやってみる。

◆**留 意 点**
- 最初は教師がやりやすい組み合わせを設定する。やり方がわかったら子どもたちがすきなもの，人，考えた設定で行う。
- 1分の制限時間を設ける。話してみると案外長い。
- それぞれ，楽しんだ後，みんなの前で希望する子たちが発表して，見ている子がどんな組み合わせかあてる，クイズ形式で遊ぶのも楽しい。

12月 ●からだで伝え合う表現活動

《電話ごっこをしよう》

エート、エート、おかあさんがぐあいがわるくて

犬のポチがまいごになって

いなかから帰ったばかりで

もしもし、チョークさんですか？いつもありがとう

《誰と誰？ クイズ》

どこにいるの？

さんぽにきまっているでしょ。ちっともつれていってくれないんだもの

（長谷川安佐子）

12月　4 劇遊びをしよう

◆この活動のねらい

　教科書，絵本の読みものや聞いた物語を劇にしてみる。替え歌で主題歌をつくったり，かんたんなかぶりもの，衣装，小道具を工夫したりする。参観日などに保護者に見てもらう。

◆活動を進めるためのポイント

　1　劇遊びの演じ方

- ナレーターに進行役をしてもらうと楽。進めやすい。
- 始める前に物語の題と1人ずつ自分の役を発表する。題は模造紙に巻物にしてかいておく。
- 背景の絵は模造紙にかいて黒板に貼る。重ねて貼っておいて，1枚をはずすと次の場面になる。
- かぶりものは，お面でもよいし，耳だけつくってつけるというやり方でもよい。
- みんながすきな歌に，劇に関する歌詞をつけて主題歌にする。

　2　劇遊びの活動にしやすいお話の例

- あらすじがかんたんなもの。繰り返しの多いもの。
「三びきのやぎのがらがらどん」「大きなかぶ」「ももたろう」
「花さかじいさん」「おむすびころりん」「うらしまたろう」
「三びきの子ぶた」「手ぶくろ」「だんごどっこいしょ」
「だいこんさんにんじんさんごぼうさん」「うさぎとかめ」

◆留意点

- グループの全員がでられるよう考えさせる。木や花になってセリフをいってもよいし，1つの役を2人で演じるようにしてもよい。
- 小道具は身近なものを使って工夫させよう。

12月●からだで伝え合う表現活動

《役をきめる》

おおかみを
やりたい

わたしは
一ばん下の
こぶた

《ナレーターが進行役》

大きなかぶ

これから
「大きなかぶ」を
始めます

おじいさんが
かぶのたねを
まきました

《衣装や小道具の工夫》

耳をつければ
うさぎ。

茶色の服に葉っぱを
つければ木。

かさで花畑。

(長谷川安佐子)

12月のアイデア　人とのかかわりを話し合って

◇この活動のねらい

日常の中で誰かの言葉を無視したり，相手の心を傷つける言葉が飛び交ったりすることも多い。そんな場面を見逃さずに話し合うことによって，子どもの心に人権意識を育てていきたい。

◇子どもたちにロールプレイで場面の提示を

保護者や学校の先生方の応援を頼み，ふとした場面を役割演技してみせることによって，子どもたちが考えるきっかけをつくる。

⇩

A役…いじめる子　B役…いじめられる子　C役…周辺児

あいつさ
ムカツクね。
シカトしよう。
しゃべっちゃ
ダメだよ
シーン!!
ねえ
今日の休み
時間 何する?
A
C
B

⇩

その後，各登場人物の行動について感想をかき，感想をもとに話し合う。

⇩

身近なことを題材に自分たちも役割演技をしてみて，ひどい言葉を受けたときの気持ちなどを話し合う。

◇留 意 点

日頃より差別を許さないことを担任として伝えておく。

（塚田庸子）

1月

伝承遊びで友だちづくり

正月遊びの中で，古くから郷土や地域に伝わる遊びやならわしを，みんなで体験しよう。

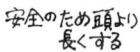

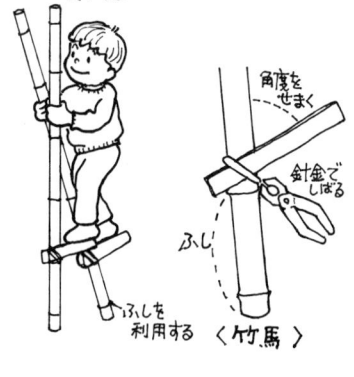

安全のため頭より長くする
角度をせまく
針金でしばる
ふし
ふしを利用する
〈竹馬〉

1 冬の遊びを楽しもう

☆寒い冬の中で，からだも心もあたたまる伝承遊びをみんなで演じよう。

おしくらまんじゅう

2 なぞなぞカルタ大会

☆すきな言葉や，動植物に関する話を題材に，みんなでカルタをつくりジャンボカルタ大会を！

3 書き初め展

☆体育館などを使ってアイデアに満ちた子ども書き初め大会の開催。

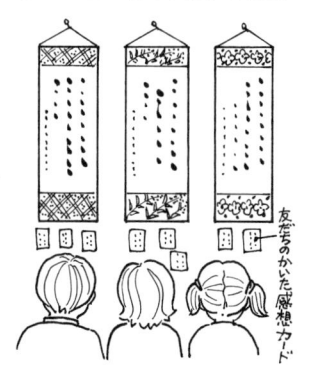

友だちのかいた感想カード

4 むかしむかしのお話会

☆地域に古くから伝わる話を，地域の人たちから聞き，絵にしたり，お話にしたり，楽しい発表会を！

◆外国語に親しもう

☆いろんな国のあいさつやかんたんな言葉を，お互いにプレーさせて体験させる方法は。

1月　1 冬の遊びを楽しもう

◆この活動のねらい

　保護者や地域の方から体をあたたかくする冬の遊びを教わったり，子どもたちが工夫した遊びを紹介したりして楽しく遊ぶ。

◆活動を進めるためのポイント

　1　保護者から教わる遊び

- たかおに，ドンジャンケン，ゴム段，おしくらまんじゅう。

　　※たかおにには，ボールをもったり，木につかまったりするなど，保護者と相談してルールを工夫しておく。

　2　子どもたちが保護者に教えながらいっしょに遊んでもらう遊び

- しっぽとりゲーム

　スズランテープをいろいろな長さに切ってズボンなどにはさんでしっぽにし，それをとり合って，とったしっぽの数で勝敗をきめるゲーム。

　　※逃げていい範囲や，ゲームの組み合わせは，楽しくゲームができるように保護者と相談してきめておく。

- インベーダーゲーム

　守りのチーム（△）と攻めのチーム（○）に分かれる。スタートの合図で○が△の間を通り抜けてゴールまで行く。△は横にのみ動きながら○がゴールに行かないように○をつかまえる。○の全員がゴールするか△につかまったら攻守を交代し，両チームが攻め終わったらゲーム終了。ゴールした○の人数で勝敗をきめる。

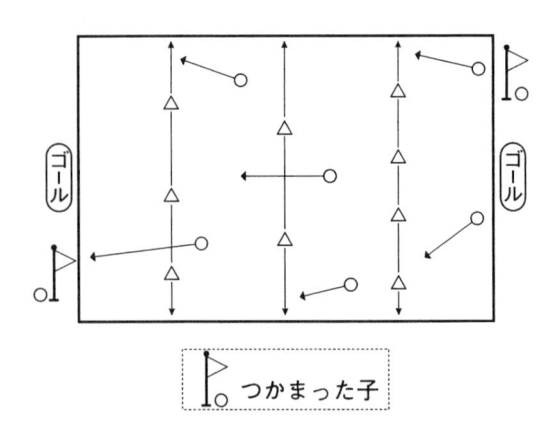

1月●伝承遊びで友だちづくり

《保護者から教わる遊び》
・おしくらまんじゅう

「おしくらまんじゅう おされてなくな」

「線からでた人はまけですよ!!」

《子どもが教える遊び》
・しっぽとりゲーム

「あったかくなりそうね」

スズランテープ
(ズボンにはさむ)

「しっぽをとられたら線からでるんだよ!!」

(赤堀照代)

1月　2　なぞなぞカルタ大会

◆**この活動のねらい**

　自分のすきな言葉や動植物，行事などを使った大きななぞなぞカルタをつくり，大型カルタ大会を通して，集団遊びの楽しさを味わう。

◆**活動を進めるためのポイント**

　1　用意するもの
- ダンボール（模造紙半分程度，絵札の枚数），画用紙（はがきサイズ程度，読み札の枚数），太い油性ペン，絵の具。

　2　カルタづくり

①何のカルタをつくるかをきめる。
②なぞなぞを考え，画用紙で読み札をつくる。
③ダンボールに絵札の絵をかき，色をぬる。

　3　遊び方

①体育館などの広い場所に絵札をバラバラに置き，絵札のまわりに円陣をつくって座る。
②読み手が読んだなぞなぞの答えがわかったら，絵札をとりに行く。

◆**留　意　点**
- 絵札の絵は，用紙いっぱいに大きくかくようにする。
- 遊ぶ場所に危険なものがないか，事前に安全を確認する。
- 絵札をとりに行く際に勢い込んで危険なときは，適宜ルールを設けるようにする。
- 全校によびかけ，異学年間交流の場とするのもよい。

《動物なぞなぞカルタ大会》

①なぞなぞを考え、読み札をつくる。

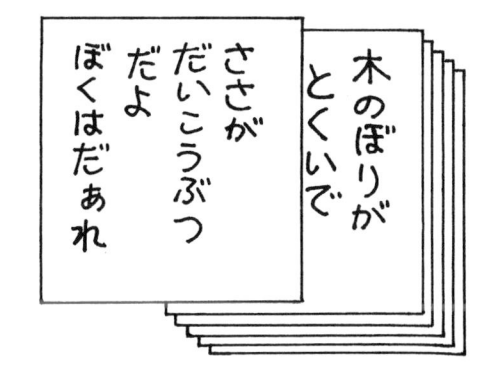

　　木のぼりが
　　とくいで
　　ささが
　　だいこうぶつ
　　だよ
　　ぼくはだぁれ

　　くびをながく
　　して、木のはを
　　たべるどうぶつ
　　なあんだ

②ダンボールで絵札をつくる。

③体育館でカルタ大会をする。

〈読み手〉

（赤堀照代）

1月　3 書き初め展

◆**この活動のねらい**

　体育館や多目的スペースなど広い場所で，学年や学級全員で気持ちを1つにして，書き初め大会をする。

　書き初め大会の意義を考え，自分の今年に対する気持ちを大きくかいて表す。

・体育館で
・太い油性ペンや筆を使って

◆**活動を進めるためのポイント**

　1　用意するもの
- 書き初め用の短冊，上下の台紙用の千代紙，たこ糸，太い油性ペンあるいは筆。
- 自分の今年1年に対する気持ちを話し合い，下がきをしておく。

　2　書き初め展
- 地域のお年寄りをお迎えして子どものころの書き初めの思い出を語ってもらったり，「どんど焼き」の話などをしてもらったりする。
- 短冊に飾りの千代紙を貼りつけ，たこ糸を通し，体育館の壁面にグループごとに飾る。
- グループの友だち一人ひとりに短い感想の手紙をかいて短冊の下に貼っていく。
- 自分の書き初めの前で感想を発表する。

◆**留意点**
- 正月行事（どんど焼き）と書き初めのかかわりや，書き初めの昔からのようすを地域の方に話してもらうよう依頼する。
- 友だちの作品を見て内容やかき方についてのよさをみつけ，かんたんな手紙をかくようにする。

1月 ●伝承遊びで友だちづくり

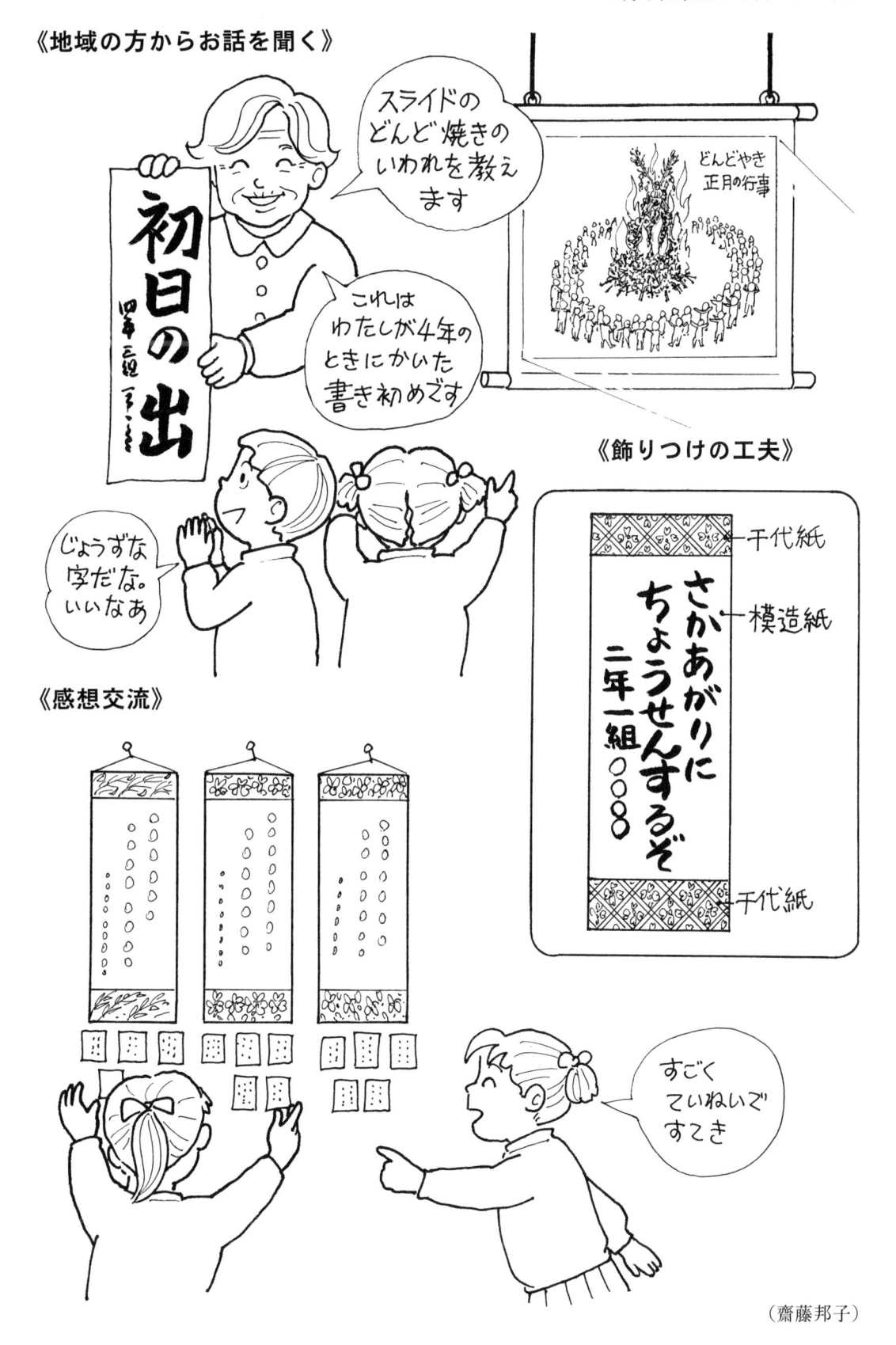

《地域の方からお話を聞く》

スライドのどんど焼きのいわれを教えます

これはわたしが4年のときにかいた書き初めです

初日の出 四年三組 ○○○

どんどやき 正月の行事

じょうずな字だな。いいなあ

《飾りつけの工夫》

千代紙
模造紙
さかあがりにちょうせんするぞ 二年一組 ○○○
千代紙

《感想交流》

すごくていねいですてき

(齋藤邦子)

1月　4 むかしむかしのお話会

◇この活動のねらい
　地域に古くから伝わるお話を地域のお年寄りや保護者などから聞いて絵に表したり，その絵を使ってお話発表会を開いたりする中で，お話を聞く楽しさや聞いた後の充実感を味わう。

◇活動を進めるためのポイント
1　用意するもの
・画用紙（板ダンボールなどもよい），クレヨン，絵の具，マジック（黒）。
・ＢＧＭを用意すると雰囲気が盛り上がる。

2　活動の仕方
①地域のお年寄りや保護者などに向けて，地域に古くから伝わるお話を話していただくよう，お願いの手紙をかく。
②お話を聞く会を開く。
③聞いたお話の中から，心に残った場面を絵と文にかく。
④お話をしてくれた方を招いて，お話発表会をする。

◇留　意　点
・その地域に古くから伝わるお話を知っている人を探して，あらかじめお願いをしておく。
・地域に伝わるお話がみつからない場合は，子どもたちが知っている地名がでてくる範囲で地域を広げる。
・絵をかくだけでなく，大きな声で発表ができるように，文（発表メモ）もかかせる。
・お話をしてくれた人には，発表を聞いた感想をいってもらうようにする。

1月●伝承遊びで友だちづくり

《お話会を開こう》

「むかしむかし ある夏の日さがりのことでした」

《楽しかったことやびっくりしたことを絵にかこう》

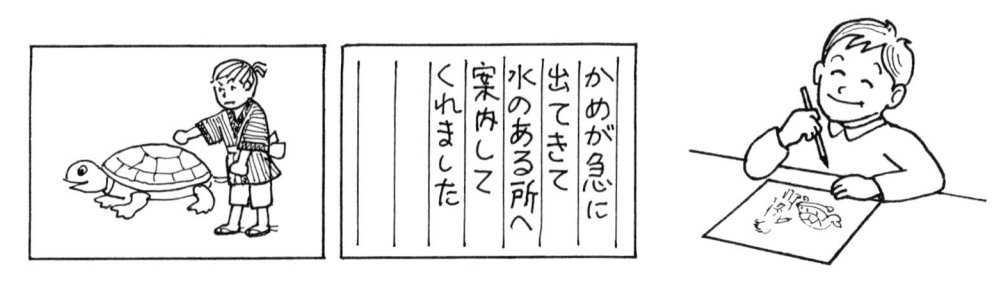

かめが急に出てきて水のある所へ案内してくれました

《発表会をしよう》

「お話の中でカメが急に出てきたのがふしぎでした」

「よく聞いてくれているね」

(赤堀照代)

1月のアイデア　外国語に親しもう

◆**この活動のねらい**

いろいろな外国のあいさつやかんたんな言葉を体験させ，子どもたちのこれからの言語生活を豊かなものにさせていく。

◆**活動の内容**

子どもたちが体育館に集合し全体で活動する。（外国語ボランティアもいっしょに）

プログラム
1　はじめのあいさつ
2　いろいろな国のことばで「こんにちは」をいう
　　（英語，日本語，スペイン語，中国語）
3　アンクルンの演奏を聴いてうたう
4　「ありがとう」の言葉やクイズを楽しむ
5　英語の「Head and Shoulders」をうたって動作化する
6　いろいろな国のことばで「さようなら」をいう

※アンクルン…東南アジアに古くから伝わる竹製の民族楽器。

◆**留意点**

地域の人や保護者の中から外国語に堪能な人をつのったり，ＡＬＴを招いたりして，耳と目で楽しい外国語活動ができるようにする。

（塚田庸子）

2月

広がりの輪を求めて，さらに表現へ

1年をふりかえりながら，さらなる仲間づくりとそのための表現の力を伸ばしていこう！

1 ミニ音楽会

☆幼稚園や保育園の園児を招いて，自分たちで運営するミニ音楽会の開催。

2 豆まきショー
－仮面劇をしよう－

☆豆まきの行事にちなんで，みんなで手づくりの仮面をつくって鬼を追い出す公開ショー！

おもちゃのバット

3 わたしの成長

☆等身大の自分の切り絵に，自分の成長をかき込み掲示する。
学習発表会への発展も。

4 「1年間の歩み」絵巻物づくり

☆障子紙を使って，1年間の楽しい思い出を絵物語に構成，楽しい発表会を。

思い出えまき

◆充実した保護者会に

☆保護者も喜ぶ，参加型の新しい保護者会のアイデア。

（みんなでうたう保護者会）

2月　1 ミニ音楽会

◇**この活動のねらい**

　幼稚園や保育園の園児たちを招待して音楽会を開催し、子どもたちに自ら会を運営する喜びを体験させる。さらに努力して練習した成果を園児たちとともに楽しむことができる。

◇**活動を進めるためのポイント**

　1　子どもたちが卒園した幼稚園や保育園の園児たちを招待して、音楽会を開催することを計画する

　2　楽しんで聞いてもらうためには、選曲や演奏の技術が必要なことを話し合わせる

- 曲はどんな曲がよいか。……園児たちが喜ぶ曲の選曲。
- 練習はどのようにするか。……グループで聞き合って納得できるまで練習する。

　3　当日までの準備

- 招待状の作成と発送。
- 司会、進行、案内の係の決定と練習。
- プログラムの作成、教室の飾りの作成。

◇**留　意　点**

- 保育園や幼稚園に事前に連絡をとり、音楽会のできる日程を調整する。（体験入学などといっしょに行ってもよい）
- 小さい子に対する思いやりの心を育て、自分の成長を知る機会とする。

2月 ●広がりの輪を求めて,さらに表現へ

(赤堀照代)

2月 2 豆まきショー
●仮面劇をしよう●

◇この活動のねらい

　季節にちなんだ行事は，子どもの生活のうるおいにもなる。手づくりの仮面をつくって，お面の公開ショーをしながら，クラス全員参加の豆まきの楽しい会を実施する。

◇活動を進めるためのポイント

1　用意するもの

- 画用紙，空き箱，紙袋，色紙，のり，はさみ，油性ペン，絵の具，セロハン，ゴムひも，運動会のくすだま割りに使うぬの玉（赤，白）。

2　事前のグループの話し合い

　各グループごとに赤，青の鬼のお面を1つずつつくり，あとは，いろいろなおとぎ話を例にして，登場する人や動物のお面をつくる。どんなお話にするかをよく話し合わせる。

3　お面のつくり方

- 画用紙をそれぞれ顔の大きさに切る。また空き箱や紙袋も同じく，顔に合わせて目の位置をきめ，印をつけて，カッターで切り抜く。
- サインペンやクレヨン，絵の具で赤鬼，青鬼のお面をかく。
- 毛糸などを貼りつけて髪をつくる。最後はゴムひもを通して完成。
- 鬼の他にも，いろいろ話し合った動物も，上記の要領でつくっておく。

4　お面の公開ショー

　各自，鬼や動物のお面をつけて，グループごとに寸劇を公開。事前にグループごとに話し合ったことを演じる。

5　豆まきショー

　赤鬼，青鬼が教室にはいってきてあばれる。リーダーの合図で，みんなで一斉に赤玉，白玉を「鬼は外，福は内」を連呼しながら，鬼に投げて教室の外に追い払う。最後は鬼もまぜてみんなで歌をうたって終わり。

2月●広がりの輪を求めて，さらに表現へ

《どんなお面をつくるかの話し合い》

赤鬼は〇〇くん，青鬼は△△くん，ぼくは桃太郎にしよう

それなら わたしは犬さん

あたしは きじさん

ぼくは おさるだ

《お面のつくり方》

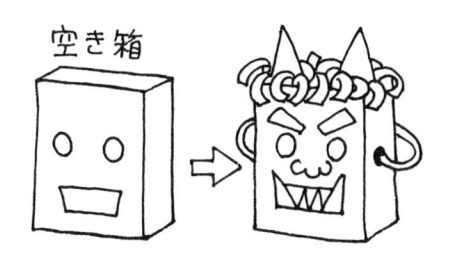

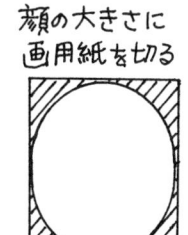

・画用紙でのつくり方

空き箱

顔の大きさに画用紙を切る

上下に切り込みを入れておくと立体感がでる

・空き箱と紙袋のお面

日本一

《楽しいクラスの豆まき》

(小川信夫)

2月　3 わたしの成長

◆**この活動のねらい**

　この1年間にさまざまな学習や体験をして，一人ひとりがそれぞれの成長を遂げている。できるようになったことや，目に見える成長だけでなく，友だちと協力したり，やり遂げたときの喜びや充実感を知るなど，心も成長したことを確認し合う。抱負や希望も大切にして進める。

◆**活動を進めるためのポイント**

　1　用意するもの
・ダンボール。(体の大きさより大きめのもの)
・さまざまな形に切ったさまざまな色紙。　・ポスターカラーや絵の具。

　2　つくり方

　ダンボールを等身大の大きさに切り，彩色する。色紙に1つずつ，手には技術的なこと，頭には知識的なこと，胸には心情的なこと，足には体力的なことなどをかき，貼っていく。

◆**留意点**

　この活動にはいる前に，「友だちのよいところさがし」をしたり，「ありがとうカード」を交換するなど，子ども同士がふりかえる時間をもつとよい。自分では気づかなかったこと，また気づいていることでも，友だちが認めてくれていることが自信にもつながる。また，健康カードや今までの学習カードなどを用意しておき，自分で確かめられるようにしておく。当日来られない保護者からはメッセージをもらっておき，最後に本人にわたす。

2月●広がりの輪を求めて，さらに表現へ

《つくり方》

・等身大の自分をつくり，自分の成長ぶりをかき込み掲示する。

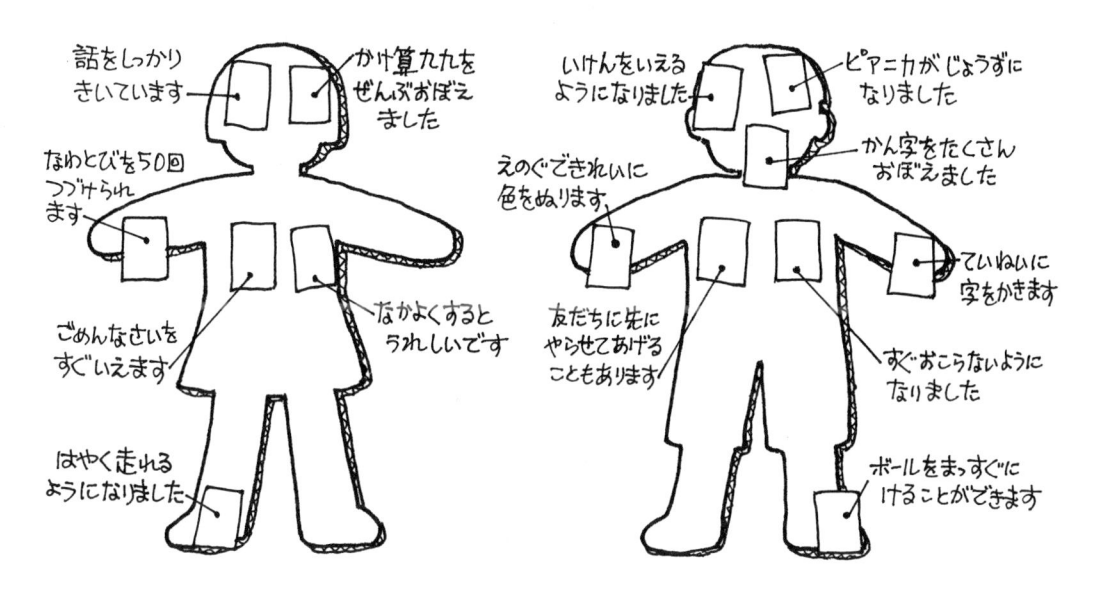

《授業参観・学習発表会で》

・授業参観や学習発表会などで各自が説明し，友だちや保護者から質問を受けるなどすると，次年度への励みになるだろう。

(阪本智子)

2月 4 「1年間の歩み」絵巻物づくり

◆**この活動のねらい**

1年間の行事やできごとなどを思い出しながら，障子紙の巻紙に絵や短文で表し，楽しかったこと，心に残っていることのお話会をして，1年間をふりかえる。

◆**活動を進めるためのポイント**

1　用意するもの

- 障子紙（レーヨンかポリエステルがはいっているものが丈夫）を半紙判に，子どもの人数分切っておく。
- 油性ペン，水性ペン，絵の具，色鉛筆類，のり。

2　表現方法や内容の工夫

- 紙の向きを確認し，左右1cmずつあけてかくようにする。
- この1年の学校生活の中で，自分が一番楽しかったことを，主に絵で表現する。絵のまわりに，気持ちを表した短い詩などをいれても楽しい。
- 同じ内容が多数重なる場合は，みんなでもう1度，1年間を話し合う。
- 絵ができたら，話す文を考える。（会話文などをいれると楽しい）
- できた絵をみんなで貼る。（名前順でも生活班順でもよい）

3　みんなでお話会をする

- 発表の方法を工夫する。場合によっては，登場する友だち本人にも手伝ってもらい，おしゃべり形式で発表しても楽しい。
- 発表会の場を設定する。互いを身近に感じた方が盛り上がるので，机といすを全部後ろに下げ半円状になって座るのも1つの方法。
- 巻物をもったり話をしたりする手順をきめ，発表をする。
- 友だちの発表をよく聞き，感想を述べたり，質問したりする。

2月●広がりの輪を求めて，さらに表現へ

《かく内容をきめる》

- うんどう会がいいかなあ
- リレー
- やさいを育てたことにしよう
- 友だちと○○をして遊んだことが楽しかったなあ

《切った障子紙にかく》

のりしろ（1cmぐらい）

おいしかったよ
二月　いちごをそだててたべました
名まえ

・かならず自分自身の絵をいれる。
・絵のまわりに文をかくとよい。
・思い出の月をいれるとよい。

《紙を貼り合わせる》

ぜんぶ、くっついているかしら

のりでうすく貼る　　（セロハンテープで貼ったらはがしやすい）

《発表が終わったら》

色画用紙

かけっこ　がんばった

1枚ずつ切りはなし，台紙に貼って記念にするのもよい。

（森　薫代）

117

2月のアイデア　充実した保護者会に

◆**この活動のねらい**

　保護者と担任が子どものよりよき成長のために，信頼し合い，願いを共有して進むことができるように話し合いを重ねていく。

◆**1年の成長を喜び合う保護者会のアイデア**

①保護者に5分間で自分の子どものよいところを20個かいてもらう

- らくらくかけたか，苦労したか，かいてみての感想を交流する。
- わが子の一番のセールスポイントに〰〰を引く。
- そして帰ったらそのことで子どもをほめる。

②一人ひとりの子どもが自分の成長を語るビデオを見て話し合う

③進級することを語り合う

◆**留　意　点**

　大人にとっては些細に見えることの中にも，とても大事なことがらが含まれているということに気づいてもらう。一人ひとりの成長についての宝物を担任がたくさんもっておく。

（塚田庸子）

3月

別れの演出と新しい学年への夢を

さよなら6年生。そして新しい学年への進級の夢をふくらませるとき。

おわかれ会

1 さよなら学級・友だち

☆1年間過ごした学級の友だちと，思い出を胸に楽しいお楽しみ会を。

2 ありがとう6年生

☆お世話になった6年生への心をこめたおくりもの，そして「さよなら」の会を開く。

3 いらっしゃい！1年生

☆新しく入学してくる新1年生のために，心からのお祝いのプレゼントづくり。

4 教室ありがとう

☆1年間過ごした教室などを，心をこめてきれいにしていく。感謝の気持ちを育てるために！

◆進級の喜びを盛り上げる掲示を

☆成長の足跡が手にとるように見える掲示を。
そのアイデアに満ちた教室環境づくり。

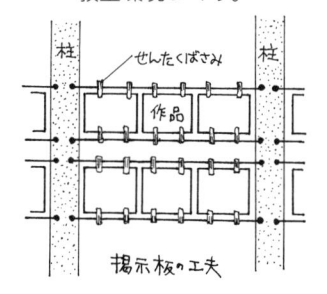

掲示板の工夫

3月　1 さよなら学級・友だち

◇**この活動のねらい**

　1年間過ごした友だちと，楽しかったことやもっとがんばりたいことを劇や踊りにしたり，ゲームをつくったりして楽しむ。そして，お互いの信頼関係を確認し合う。

◇**活動を進めるためのポイント**

　1　学級カレンダーを見て，「さよなら学級・友だち」をすることを話し合わせる

①学級のよさを話し合う。

②話し合いをもとに「○年○組物語」をつくることを確認し，表現方法別にグループをつくる。

- 「あの日あのとき」を劇化する。　・絵巻をつくる。
- 学級ゲームをつくる。　・紙芝居にする。
- グループごとにどんな内容にするか，何をするかを話し合い，役割分担して練習をする。

　2　「さよなら学級・友だち」

- 各班の出しものを発表する。最後に一人ひとりが自分が一番成長したと思ったことを発表して，出しものを終了する。

　3　感想の交流の時間をつくる

　4　「こんなにすてきな学級だったよビンゴ」を楽しむ

- 話し合った学級のいいところをプリントにまとめておく。
- そのプリントの中から各自9個をえらび，ビンゴカードにかき込む。
- ルールを工夫しながらビンゴを楽しむ。

3月●別れの演出と新しい学年への夢を

《○年○組物語》

花グループ
「2年1組 はいくものがたり」

春の俳句です。
「ちょうちょがね
ひらひらひらと
あそんでる」
(パラッ!! 俳句の紙を
たらす)

ちょうちょがね
ひらひらひらと
あそんでる
2ねん1組 ○○○○○

ゆめグループ
「2年1組 ものがたりクイズ」

1位は？

クイズ 32人に
ききました

ハイ　ハイ

プログラム

1. 学きゅうのうたをうたおう
2. 2年1組ものがたり
   ・花グループ --------
   ・ゆめグループ --------
   ・うたグループ --------
   ・ジャンプグループ --------
3. 「こんなにすてきな学きゅう
    だったよ」ビンゴ
4. 先生から みんなから
5. おわりのことば

《こんなにすてきな学級だったよビンゴ》

さあ
「こんなにすてきな
学級だったよ
ビンゴ」
をするよ

1年生に
やさしい

給食
みのこし
ゼロ

(齋藤邦子)

3月　2 ありがとう6年生

◆**この活動のねらい**

　縦割りの活動や，行事などでリーダーだった6年生が卒業していく。どうしたらお世話になった6年生のお兄さん，お姉さんに喜んでもらえるかを考え，イベントを実行する。

◆**活動を進めるためのポイント**

　1　話し合う

　6年生に感謝の気持ちを表すためにどんなことができるかを話し合う。いろいろなアイデアの中から，実行することをえらび，準備を進める。

　2　活動の例―紙しばい「ありがとう，さようなら6年生」―

①6年生にお世話になった場面を思い出す。
②グループごとに1場面を担当し，絵をかき，文章をかく。
③はっきりと伝わるように，練習する。

　3　プログラムの構成

　設定した時間の中で，ゆとりをもって進められるようにプログラムを構成する。

◆**留意点**

- 6年生に「ありがとう」の気持ちを伝えるために行う会であることを徹底する。そのために，お世話になったことなどをよく話し合う。
- 日時，プログラムがきまったら，招待状をつくり，6年生の教室まで届けるとよい。
- 進行はテンポよく進むように，司会役の子の練習も大切にする。

3月●別れの演出と新しい学年への夢を

《プログラムの例》

> ありがとう さようなら
> 6年生をおくる会
> 1. ようこそ おにいさん おねえさん
> 2. クイズ
> 3. いっしょにあそびましょう
>   ——ジャンケンゲーム大会——
> 4. かみしばい
> 5. いっしょにうたいましょう
> 6. 6年生からお話
> 7. さようなら おにいさん おねえさん

- いっしょにゲームをしたり，歌をうたったりして，交流する場面をつくる。

- 6年生に思い出話などをしてもらう。インタビューの形式にしてもおもしろい。
☆6年間の中で一番の思い出は何ですか？
☆中学生になったら，どんなことをしたいですか？

- 見送るときは，並んで道をつくり，一人ひとり握手をしてお別れする。

《活動の例》

- プレゼント（手づくりペンダント）

☆お兄さん，お姉さんの似顔絵

☆お兄さん，お姉さんへのメッセージ

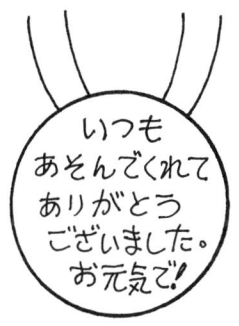

> いつも あそんでくれて ありがとう ございました。お元気で！

- 紙しばい

> 大なわをたくさんしてくれましたね。やさしく教えてくれたので、いっぱいとべるようになりました

（野口祐之）

3月　3 いらっしゃい！　1年生

◆**この活動のねらい**

　1年間，上級生たちから面倒をみてもらってきた1年生が，来年度入学してくる子どもたちのためにお祝いのプレゼントをつくり，自分たちも上級生になる喜びをもたせる。

◆**活動を進めるためのポイント**

　1　用意するもの
- 色画用紙，各種色紙，リボン。
- 自分たちが育てて採種したアサガオの種など。

　2　何をプレゼントするか話し合う
- 4月の入学お祝い集会（この場合，学校行事）で新入生に手づくりのプレゼントをわたすことを知らせ，どんなプレゼントをつくるか話し合わせる。プレゼントは，なるべく手にもたないものがのぞましいことを伝える。
- 今年度，自分たちが育てた植物の種などをプレゼントにつけてもよい。

　3　工夫して，プレゼントをつくる（ここではペンダントを想定）
- 色画用紙で台紙をつくり，表に色画用紙や各種色紙をのりを使って貼り，もようをつくる。
- 裏に自分でつくった紙封筒を貼り，アサガオの種と新入生へのメッセージをいれる。
- 首からさげるリボンをつけて，でき上がり。

◆**留意点**

- 作品をつくっていく上で，のりの使い方がポイントになる。量の加減など，なかなかできない子が多いので，1年間かけて指導することがこれからの活動においても大切である。

3月●別れの演出と新しい学年への夢を

《何をプレゼントするか話し合う》

- ぼくたちは何をもらったっけ
- いらっしゃいませのカードがいいよ
- あまり手にもたせない方が、落とさないし安全だよ
- ぼくたちが育てたアサガオの種もあげたい

《プレゼントづくり》

- 新入生が喜ぶようにつくろう
- どんなもようにしようかな〜
- メッセージも〜
- アサガオの種をかぞえよう
- 3学期なら1年生でもできるよ〜
- リボンを通す穴を補強しよう
- ガムテープを貼って穴を開ける
- パンチ
- ガムテープ
- のりの量は少しで大丈夫よ
- のりの種類の使い分けも指導しよう
- ベタベタ
- おめでとうっていってわたそうよ
- 他の言葉ないかなあ

・4，5月中にのり，はさみがどれぐらい使えるかようすを見て，日常的に指導することが大切。

（森　薫代）

3月　4 教室ありがとう

◆この活動のねらい

　1年間お世話になった教室をきれいにして次の友だちにバトンタッチできるように，その方法を工夫して，心をこめて清掃する。

そうじけいかく		
月日	なにを	どのように
3/1	いすよありがとう	・らくがきをけす ・土ぼこりをとる
3/2	ロッカーの中	-------
3/3	-----	-------

〈計画表〉

◆活動を進めるためのポイント

1　いろいろありがとう

・自分が一番使ったものからカードにかき出していく。

　「つくえありがとう」「いすありがとう」「ロッカーありがとう」

　「オルガンありがとう」「教室ありがとう」

・ありがとうの気持ちの表し方を話し合う。

　自分が使った教室をきれいにして次の人にわたすことを意識させる。

2　掃除名人に挑戦

・「○○の日」などと計画を立て，掃除名人に挑戦する週間をつくる。

・家庭での清掃の仕方を発表し，効果的な清掃について話し合わせる。

・清掃の小道具（ハブラシなど）をもちより，掃除名人に挑戦する。

3　次に使う子どもたちにメッセージをかき，教室に貼るようにする

・クラスからのメッセージは，みんなからのよせがき文とともに，教室にある品物や道具，設備用品などからのメッセージを，擬人化したイラストに吹き出し文でいれるのも楽しい伝え方になる。

　（例）机から「わたしをいつもきれいにふいてね」など。

◆留意点

・教室の役目を具体的な事例で話し合わせ，清掃をする意義を十分に意識させる。

・清掃の仕方については，取材活動をし，よりよい方法を調べる。

3月●別れの演出と新しい学年への夢を

《いろいろありがとうの話し合い》

この1年の「いろいろありがとう」を考えてみようね

わたしは黒板に一番お世話になったね

ぼくは机。らくがきいっぱいしたなあ。けさなくちゃ

私は本かもしれない。いっぱい本をよんだよ!!

《掃除名人！》

かべはねケシゴムでやさしくけすといいんだよ

いすの足はハブラシでゴミをかき出します

家からシールはがしをもってきたよ!!

《メッセージを》

つぎにこの教室をつかう人たちへ

もと一年一組より

教室に次の1年生へのメッセージをかいて貼っておく。（よせがきで）

（齋藤邦子）

3月のアイデア　進級の喜びを盛り上げる掲示を

◆**この活動のねらい**

3月の掲示は，いままでの自分の成長を喜び，学年が1つ進級することについて希望をもつことができるように教室環境を整えていく。

◆**成長の足跡が手にとるように見える掲示を**

①こんなことができるようになったよ

※自分が感じたことは赤い付箋にかき込む。友だちが感じたことは青い付箋にかき込んでもらい，自分の絵に貼っていく。

②1年間のとりくみ（みつけたカードなど）をふりかえり，友だちへのコメントをつける

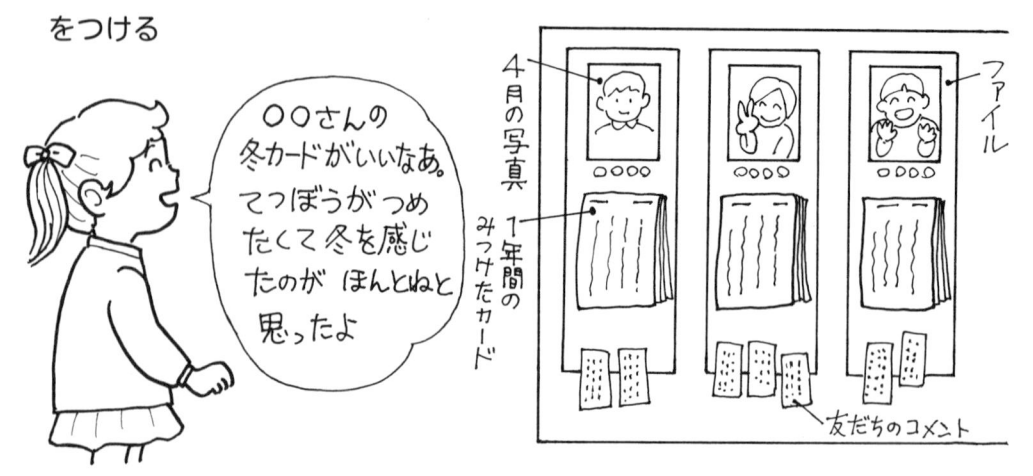

（塚田庸子）

編著者紹介

小川信夫

　川崎市総合教育センター所長，玉川大学学術研究所客員教授を経て，現在，現代教育文化研究所所長。学校学級経営の分野の専門研究とともに，表現教育の研究にも力を注ぎ，日本芸術振興財団演劇専門委員，文化庁文化政策推進会議演劇専門委員，東京都優秀児童演劇審査委員などを歴任。現在，日本児童演劇協会常任理事。劇作品も多く，平成２年度，川崎市文化賞授賞。日本人間関係学会，日本国語教育学会，日本児童劇作の会等に所属。
　最近の主な著書に『親に見えない子どもの世界』『情報社会の子どもたち』『少子家族・子どもたちは今』『溶ける家族と子どもたち』（いずれも玉川大学出版部），『子どもの心をひらく学級教育相談』『小学校の総合学習に生かせる全員参加の学級・学年劇脚本集・全３巻』（監修）『学級担任のちょっとした表現術入門』（編著，いずれも黎明書房），『ＳＯＳママの一言』（ルック社）。

塚田庸子

　川崎市教育委員会指導主事，川崎市総合教育センター教科教育研究室長，川崎市立東小倉小学校校長を経て，現在，川崎市教育委員会教育専門員，現代教育文化研究所顧問。この間，文部省「理科教育・産業教育審議会」審議委員，日本学生科学賞・中央審査委員，また川崎市理科教育研究会並びに小学校校長会の副会長などを歴任する。
　最近の主な著書に『小学校新時間割り編成の手引き』（明治図書出版），執筆者として『学校の評価活動，重視される組織運営能力』『総合的な学習の時間』（いずれも教育研修所），『環境学習実践事例集』（第一法規），『ゆとりある教育活動，基礎基本と個性』（ぎょうせい），『総合的な学習の時間・実践ブック総集編』（啓林館），『時間割の弾力化』（小学館），『小学校英語セミナー』『学校経営研究』（明治図書），『理科の教育』（東洋館）などがある。この他，論文，実践書も多数。

執筆者一覧（○編者）

- ○ 小川 信夫　現代教育文化研究所所長
- ○ 塚田 庸子　川崎市教育委員会教育専門員
-   齋藤 邦子　川崎市立宮崎小学校教諭
-   巣永 和子　川崎市立川中島小学校教諭
-   森　 薫代　川崎市立菅生小学校教諭
-   長谷川安佐子　新宿区立戸塚第二小学校教諭
-   野口 祐之　私立清明学園初等学校教諭
-   阪本 智子　川崎市立三田小学校教頭
-   赤堀 照代　川崎市立平間小学校教諭

表現力・創造力を高める学級活動12カ月〈低学年〉

2002年6月10日　初版発行

編著者　小川信夫・塚田庸子
発行者　武馬　久仁裕
印　刷　株式会社　一誠社
製　本　協栄製本工業株式会社

発行所　株式会社　黎明書房
460-0002 名古屋市中区丸の内3-6-27 EBSビル　☎052-962-3045
振替・00880-1-59001　FAX 052-951-9065
101-0051 東京連絡所・千代田区神田神保町1-32-2
南部ビル302号　☎03-3268-3470

落丁本・乱丁本はお取替します　　　　　ISBN 4-654-00025-9
©N. Ogawa, Y. Tsukada 2002, Printed in Japan

滝井 純・小川信夫監修　日本児童劇作の会編著　B5／220～236頁　各2800円 小学校の総合学習に生かせる **全員参加の 学級・学年劇脚本集**（全3巻）	低学年・中学年・高学年／劇遊び，音楽劇，表現遊びなど，多様な表現形式を駆使した，学級・学年全員が出演できる脚本を3巻に分けて収録。高学年には英語劇も。
小川信夫・現代教育文化研究所編著　A5／142頁　1700円 **学級担任のちょっとした表現術入門**	教師の新時代②　子どもの心をとらえ，学級・学校生活を楽しくする，ちょっとした工夫満載の手ばなせない1冊。朗読劇，えんぴつ対談，ロールプレイングなど紹介。
九州個性化教育研究会編著　A5／142頁　1700円 特色ある教育活動を展開するための **地域の施設・人材活用法**	教師の新時代③　「総合的な学習の時間」で地域の施設・人材を活用する際の考え方や手順，依頼文書などの役立つ資料やアイディアなど，実践を交えて提示。
大隅紀和著　A5／174頁　2100円 **ディスプレイ型ポートフォリオ** ――教師と子どもの情報の組織化能力を開発する	教師の新時代④　子どもが自分の学習の過程と成果を多彩な表現方法で簡潔に表現するディスプレイ型ポートフォリオの意義，制作手順，評価など，作品事例を交え詳述。
北山　緑著　B5／104頁（カラー32頁）　2200円 **小学校の楽しい壁面構成**	入学おめでとう，こどもの日など季節のものや，授業に関する資料，子どもの作品を中心とした共同制作など，それぞれの場に応じた壁面構成を紹介。一部型紙付。
北山　緑著　B5／96頁（カラー32頁）　2200円 **小学校の壁面構成12カ月** ――四季の自然・年中行事・特別教室	愛鳥週間，虫歯予防デー，社会見学などの行事や保健室，図書室，音楽室ほか，特別教室の壁面構成をカラーで多数紹介。作り方はイラストで詳説。一部型紙付。
中村信子・柳 深雪作　B5／96頁（カラー32頁）　各2200円 **教室環境デザイン12カ月**（全2巻） ＜4月～9月＞＜10月～3月＞	身近な材料を利用してつくる，幼稚園，小学校の教室で使える壁面構成，立体的な飾り，掲示板や各種ディスプレイなど月別にカラーで紹介。一部型紙付。
町田槌男編著　B5／120頁　2600円 **スクール・ガーデニング＆フィーディング** ＜学校の栽培・飼育活動＞	鉢植え・メダカの世話からビオトープまで／栽培・飼育の計画・管理の実際的なことがらを，経験の浅い教師にもわかりやすいように，細部にわたって図解中心で紹介。
石田泰照編著　四六／160～164頁　低・中各1400円　高1300円 子どもと一緒に楽しむ **なぞなぞ・学習クイズ**（全3巻）	低学年・中学年・高学年／教科書にない植物，生き物，国語，科学，人間の体，生活・社会などのクイズと，頭をリラックスさせてくれるなぞなぞが満載。
石田泰照編著　四六／160頁　低1300円　中・高各1400円 **準備のいらない学習ゲーム**（全3巻） ――付・ちょっとだけ準備のいる学習ゲーム	低学年・中学年・高学年／道具を使わずに楽しいゲームをするだけで，知らず知らずのうちに，国語，算数，理科，社会，体育，音楽などの力がつく。

表示価格はすべて本体価格です。別途消費税がかかります。